# La corona de la gloria

## Reseñas biográficas de
## 16 santos y héroes cristianos

Por Patricia Mitchell

**LA PALABRA ENTRE NOSOTROS**

**La Palabra Entre Nosotros**
9639 Doctor Perry Road
Ijamsville, Maryland 21754

ISBN: 0-932085-59-8

Diseño de la cubierta por David Crosson.

Traducido del inglés por Luis E. Quezada.

Las citas bíblicas son de la *Versión Popular* (Dios habla hoy), usada con el
permiso correspondiente. © 1983 Sociedades Bíblicas Unidas.

Hecho e impreso en los Estados Unidos de América.

# Índice

# Introducción

*Queridos hermanos y hermanas en Cristo:*

*Cuando aparezca el Pastor principal, ustedes recibirán la corona de la gloria, una corona que jamás se marchitará. (1 Pedro 5,4)*

San Pedro prometió a los jefes y responsables de las iglesias del Asia Menor que recibirían una "corona de gloria" por el servicio dedicado y generoso que prestaban a la comunidad de fieles. Estos primeros cristianos, siguiendo el ejemplo del Pastor a quien servían, ofrecieron su vida como sacrificio para la edificación del reino de Dios en la tierra. San Pedro prometió que, a cambio de la entrega de su vida, cada uno recibiría un premio tan glorioso que su resplandor —como la luz de Cristo— no se apagaría jamás.

Tras los pasos de los santos de la Iglesia primitiva vendrían innumerables otros durante los dos mil años siguientes, pero, como también sucedió con las autoridades de aquellas iglesias, jamás se conocerían los nombres de la gran mayoría de esos santos y héroes de la fe. No obstante, hay algunos cuyas historias personales la Iglesia ha logrado conservar como tesoros de inestimable valor. Cuando dedicamos tiempo a conocer más de cerca a estos santos, que ahora llevan la corona de la gloria prometida, descubrimos que fueron hombres y mujeres tan reales como nosotros, que enfrentaron los mismos obstáculos y pruebas que diariamente encontramos los cristianos de hoy. Por eso podemos aprender mucho de ellos: cómo mantener viva la intensidad del amor y el celo por Dios; cómo perseverar y no desviarse del rumbo; cómo sacar fuerzas para enfrentar la oposición, la enfermedad e incluso la muerte. Por último, estos santos nos enseñan a conocer a nuestro Padre, que nos ofrece la abundancia de su amor inquebrantable y de su misericordia sin fin, y que siempre cumple sus promesas.

No podemos dejar de expresar nuestra sincera gratitud a tres autores que contribuyeron a esta recopilación de biografías. Ellos son Leo Zanchettin, editor de *La Palabra Entre Nosotros*, que escribió sobre la vida de San Bernardo de Claraval; Jeanne Kun, redactora regular de la misma revista, que aportó la historia de San Francisco de Asís, y Hallie Riedel, redactora contribuyente, que escribió la reseña biográfica de Carlos de Foucauld. Además, queremos expresar nuestro especial agradecimiento a Luis Quezada que tradujo las biografías con gran inspiración del inglés al español.

Cuando usted lea *La corona de la gloria – Las vidas de 16 santos y héroes cristianos* sepa que nosotros hemos orado para que usted logre conocer a cada uno de ellos en su humanidad. Cuando sabemos poco de los santos, los mantenemos a la distancia, como si fueran nada más que estatuas inanimadas; pero cuando llegamos a conocer sus luchas, sus sueños y sus esperanzas, pronto vienen a ser amigos nuestros, hermanos y hermanas en Cristo. Quiera el Señor que ellos enciendan en su corazón, querido lector, el deseo sincero y profundo de alcanzar aquella "corona de gloria" que jamás se marchitará.

Patricia Mitchell
*La Palabra Entre Nosotros*

# Nada te turbe, nada te espante

La vida de Santa Teresa de Ávila

1515 - 1582

Veis aquí mi corazón,

Yo le pongo en vuestra palma, mi cuerpo, mi vida y alma,

mis entrañas y afición. Dulce Esposo y redención, pues por vuestra me

ofrecí, ¿qué mandáis hacer de mí?

— Santa Teresa de Ávila

Rompía la aurora aquella mañana de noviembre de 1535, apenas iluminando con suaves destellos la austera comarca castellana de Ávila, cuando la joven Teresa de Cepeda y Ahumada, de juveniles 20 años, partió sigilosamente de su hogar con destino al Convento Carmelita de la Encarnación, situado a poca distancia. No podía ocultar el dolor de su corazón al pensar en que a sus espaldas dejaba a su padre viudo: "Me parecía que cada hueso de mi cuerpo se me desencajaba", escribía más tarde.

No había sido una decisión fácil. Su padre, Don Alonso, era un noble rico y devoto que amaba profundamente a su hija y que no quería verla abandonar el hogar. Lo peor era que Teresa no estaba del todo convencida de hacerse monja. Había pasado varios años en un convento como interna y la experiencia le había agradado; sabía que este ambiente era mejor para ella que la vanidad y las frivolidades en las que se enredaba con sus primas. Pero nunca había tenido un deseo fuerte de ingresar al convento. Al final, confesaba, "me sentí movida más por un temor servil que por el amor."

Durante muchos años, Dios transformaría ese temor para elevarlo a las cumbres del amor místico. Se considera que los escritos de Santa Teresa de Ávila sobre la oración figuran entre las obras más excelsas de la literatura espiritual. Teresa era, además, mujer de acción y así fue como inició la reforma de la orden religiosa carmelita a gran costa personal.

Poco después de haber llegado al Convento de la Encarnación, Teresa sintió una completa paz y tranquilidad en cuanto a la decisión tomada. La agraciada joven, de rizado cabello castaño, hermosos ojos oscuros y una personalidad alegre y vivaz, bien pudo haber escogido entre varios pretendientes, pero su nueva vida la llenó de contento. No obstante, a los pocos años de vivir en el convento, cayó muy enferma y su padre la llevó a casa de su hermana para que se repusiera y recuperara la salud.

De camino al hogar de su hermana, Teresa pasó a visitar a su tío, hombre de oración profunda, que le regaló un libro de oración cuyo texto era bastante distinto de los rezos orales a los que estaba acostumbrada en el convento. Devoró sus líneas, dándose cuenta de que mediante la oración podía llegar a una amistad y una intimidad con Dios mucho más profundas que lo que jamás se habría imaginado.

*Dichoso el corazón enamorado,*
*que en solo Dios ha puesto el pensamiento, por él renuncia todo lo*
*criado. Y en él halla su gloria y su contento. Aun de sí mismo vive*
*descuidado, porque en Dios está todo su intento.*

Sin duda que la vida de oración de Teresa iba progresando, pero en 1542 decidió no continuar intentando la oración mental, porque estaba convencida de que sus pecados eran demasiado grandes y, además, la atmósfera casual del convento la distraía mucho. Era frecuente que llegaran visitantes a la sala del convento y como ella era persona de conversación fácil, siempre la buscaban. Numerosas monjas usaban joyas, aceptaban regalos y tenían permiso para salir del convento por períodos largos, cosas que le hicieron pensar que estaba permitiendo que su alma se dejara "consentir por tantas vanidades". En 1544, mientras se dedicaba a cuidar a su padre ya moribundo, su confesor la convenció a volver a la oración.

Durante los once años que siguieron, Santa Teresa llevó la vida normal de una monja, pero sin dejar de considerarse fracasada: "Por un lado, Dios me llamaba; pero por otro, yo seguía al mundo. Todo lo de Dios me hacía feliz; pero lo del mundo me tenía atada." La oración le resultaba estéril, como dijo ella misma más tarde: "No podía encerrarme dentro de mí misma . . . pero me encerraba en mil vanidades."

Un día, en 1555, cuando ya llevaba 20 años de vida religiosa, entró al oratorio y vio una estatua del Cristo herido. "Reconocí con una claridad impresionante la poca gratitud que le había demostrado al Señor por esas heridas, al punto de que me pareció que se me rompía el corazón." Rindiéndose ante Dios, empezó a suplicarle que la socorriera. A partir de entonces, pudo avanzar en forma discernible en su oración, incluso llegando a experimentar grandes "delicias y favores" de Dios, por lo cual declaró que había recibido una vida nueva, que ya no era suya, sino una en la que Dios vivía en su interior.

En los años subsiguientes, pudo percibir la presencia del Señor en la oración en tantas ocasiones que tuvo miedo de que el diablo la estuviera desviando del camino. Experimentó frecuentes visiones y éxtasis, incluso frente a las demás monjas, cosa que le resultaba humillante. En una de tales ocasiones, un ángel le traspasó el corazón con una lanza y cuando se la retiró, ella se sintió "invadida por un gran fuego de amor a Dios." Jamás en su vida pudo entender por qué se le habían concedido tantas maravillas, y siempre se sintió absolutamente indigna de ellas.

Santa Teresa llegó a experimentar una unión mística con el Señor, pero jamás perdió la conciencia de su propia humanidad. Por ser afectuosa y alegre, fácilmente se encariñaba, como cuando le escribió a una de sus prioras diciéndole "Te aseguro que si me quieres de verdad, yo te quiero también y me gustaría que me lo dijeras". Pero tampoco dudaba en amonestar a sus amigas cuando se demoraban mucho en contestarle alguna carta.

> *No deja de nos amar*
> *Nuestro Dios y nos llamar*
> *Sigámosle sin recelo,*
> *Monjas del Carmelo.*

Un día en septiembre de 1560, Teresa y varias otras monjas conversaban acerca de las complicaciones que significaba vivir en un convento tan grande e indisciplinado. Una prima suya, que estaba de visita, les sugirió casualmente que abrieran su propio convento, idea que desde hacía tiempo venía formándose en la mente de Teresa. Cuando lo puso en oración, el Señor le dijo que esa era la obra que Él tenía para ella. Hasta su confesor concordó con la iniciativa. Pero las religiosas de la Encarnación se sintieron amenazadas y los habitantes de Ávila no demostraron entusiasmo alguno ante la perspectiva de tener que sustentar otro convento con limosnas.

Haciendo tratativas secretas con ayuda de su hermana y usando un dinero prestado, Santa Teresa compró una residencia en el verano de 1561. La autorización llegó pocos meses después, en febrero de 1562, y el 24 de agosto del mismo año, se celebró la Misa inaugural en el Convento de San José. La noticia del nuevo convento causó alarma entre los residentes, y la policía trató de ingresar a la casa, pero sin lograrlo. Varios meses más tarde, Teresa obtuvo autorización para retirarse de la Encarnación y reunirse con sus cuatro monjas en la primera casa reformada de la orden carmelita. Durante los cuatro años que siguieron, Dios le permitió gozar de la serenidad de San José.

En 1567, el General de los Carmelitas fue, desde Roma, a visitar el convento de Santa Teresa y quedó sumamente impresionado. El Concilio de Trento, celebrado hacía poco, había promovido la reforma de las órdenes religiosas y aquí había una monja que lo estaba haciendo, de modo que le ordenó a Santa Teresa abrir nuevos conventos. Ella no tenía nada para hacerlo —ni dinero, ni casas, ni gente— pero confiaría en su astucia natural y en su habilidad negociadora para planear, durante el resto de su vida, la fundación de 16 casas adicionales.

El segundo convento, situado en la cercana localidad de Medina del Campo, causó el mismo rechazo que el de Ávila, por lo que la solución que ideó la santa fue la misma que en la ocasión anterior: las monjas tomaron posesión de la casa en secreto, ocultándose tras las penumbras de la medianoche. Una vez celebrada la Santa Misa temprano a la mañana siguiente e instalado el Santísimo Sacramento, era mucho más difícil sacarlas del lugar.

*Nada te turbe, nada te espante,*
*todo se pasa. Dios no se muda,*
*la paciencia todo lo alcanza;*
*quien a Dios tiene nada le falta;*
*sólo Dios basta.*

Cada vez que fundaban una nueva casa, enfrentaban nuevos desafíos y pruebas, y cuando esto sucedía en ciudades cada vez más lejanas, Santa Teresa y sus monjas tenían que soportar los rigores de largos viajes en carruajes, ya fuera bajo el calor sofocante del verano, o contra el viento frío y penetrante del invierno, cruzando escabrosas montañas y vadeando ríos y arroyos, muchas veces sin agua para beber ni alimento alguno. Santa Teresa pasó gran parte de su vida enferma y con frecuencia viajaba con fiebre; pero lo peor de todo era que las posadas donde tenían que pernoctar solían estar mugrientas y llenas de gente.

Finalmente, Santa Teresa fundó una rama de la orden carmelita reformada para hombres. El movimiento de reforma tanto para hombres como para mujeres fue inevitablemente objeto de persecución por parte de las carmelitas que permanecieron bajo la regla menos estricta. Entre 1576 y 1580, le prohibieron a Santa Teresa que abriera nuevos conventos y le ordenaron que se quedara en Toledo. Finalmente, en junio de 1580, la rama reformada fue reconocida como provincia separada y la santa pudo volver a viajar.

Durante esta época de persecución, Santa Teresa escribió su obra maestra espiritual, Las Moradas o el Castillo Interior. Escribiendo por orden de su confesor, organiza el libro según una visión de "un hermosísimo globo de cristal, con forma de castillo, con siete moradas, la séptima de las cuales es la más profunda y en la cual está el Rey de la Gloria." Teresa había experimentado cada una de estas etapas, empezando con la primera morada al reconocer su propia condición de pecadora, junto con la humildad y la gratitud por la gran misericordia de Dios. Por el camino, como Teresa lo fue descubriendo, la gracia de Dios reemplazó sus esfuerzos por hacer oración y poco a poco ella fue quedando cada vez más anonadada por el amor divino.

Santa Teresa falleció el 4 de octubre de 1582, a la edad de 67 años, agotada por su trabajo para el Rey que había venido a residir en su alma. Fue canonizada en 1622 y nombrada Doctora de la Iglesia en 1969. Santa Teresa de Ávila, la más humana de los santos, había triunfado en su intento por comunicar el ardiente deseo de Dios de lograr la intimidad con los hijos e hijas que había creado por amor.

# La vida de Santa Teresa de Ávila

**1515**    Nace en Ávila (España) el 28 de marzo en una acaudalada familia noble

**1528**    Muere su madre

**1531-32**  Estudia como interna en la escuela del convento de Nuestra Señora de la Gracia

**1535**    Ingresa al convento carmelita de La Encarnación, en Ávila

**1538**    Cae gravemente enferma; sigue los consejos de su tío e inicia una seria vida de oración

**1539**    Corre peligro de muerte, pero se recupera lo suficiente para regresar a La Encarnación

**1542**    Renuncia a la oración mental

**1544**    Muere su padre; reanuda su vida de oración

**1555**    Segunda conversión

**1560**    Recibe la gracia de la herida del corazón; comienza a considerar la fundación de una orden

**1561**    Compra en secreto una casa para el Convento de San José, en Ávila

**1562**    El 24 de agosto se celebra la primera misa en el Convento de San José

**1567**    Recibe autorización para iniciar otros conventos reformados; el 15 de agosto funda una casa en Medina del Campo; conoce a Juan de la Cruz, más tarde canonizado

**1568-75**  Funda otras casas religiosas

| | |
|---|---|
| **1576** | Comienza la persecución contra la orden reformada |
| **1577** | Escribe El castillo interior o Las moradas |
| **1580** | Se reconoce a las carmelitas reformadas como provincia separada |
| **1582** | Muere el 4 de octubre en el convento de Alba de Tormes |
| **1622** | El 12 de marzo es canonizada por el Papa Gregorio XV |
| **1970** | Primera santa declarada Doctora de la Iglesia |

# El sacerdote secreto

Beato Miguel Agustín Pro

1891 - 1927

En el mes de febrero de 1927, el Presidente de México, General Plutarco Elías Calles, transformó, de una sola plumada, a cada uno de los sacerdotes de su país en un proscrito. Les ordenó abandonar sus puestos, dondequiera que estuvieran, y presentarse de inmediato en Ciudad de México. Los que se resistieran, corrían peligro de ser arrestados, encarcelados y hasta ejecutados. La mayoría tuvo que ocultarse y trabajar en secreto.

El Padre Miguel Agustín Pro, joven sacerdote jesuita, ya estaba acostumbrado a trabajar de incógnito. Durante dos años, el Presidente Calles había dado órdenes estrictas contra la Iglesia Católica. Hacía más de diez años que los revolucionarios habían tomado el poder derrocando a un gobierno dictatorial y puesto fin a un sistema económico injusto, pero consideraban que la Iglesia era una institución corrupta que históricamente se había alineado con los ricos, no con los pobres. Ahora querían una iglesia nacional controlada por el Estado.

Las nuevas leyes obligaron a los sacerdotes a eludir la autoridad y celebrar Misa y escuchar confesiones en secreto en hogares privados. Los católicos laicos también corrían el riesgo de ser encarcelados si eran sorprendidos albergando a un sacerdote. Miguel Pro asumió con entusiasmo el desafío de servir a su pueblo en forma clandestina. Siempre había tenido talento para imitar a otras personas, de manera que se convirtió en un maestro del disfraz. Un día podía ser un estudiante que alegremente recorría las calles en la vieja bicicleta de su hermano con un cigarrillo colgando de sus labios y un gorro en la cabeza. Otro día sería un mecánico de autos con ropa de trabajo o bien un caballero muy distinguido. Al final, el Padre Miguel Agustín Pro fue ejecutado por lo que realmente era: un servidor de Cristo y de su pueblo.

**El comienzo de la vocación.** Miguel Pro nació el 13 de enero de 1891 en Zacatecas, ciudad minera de la zona central de México, donde su padre era ingeniero. Las circunstancias que condujeron a la Revolución Mexicana ya se evidenciaban en las minas de plata y oro de su ciudad natal, en las cuales los mineros ganaban poco y sufrían maltratos. Siendo pequeño, con frecuencia acompañaba a su madre cuando ella, por compasión, llevaba alimentos, ropa y medicinas a los mineros.

Miguel era un muchacho alegre a quien le encantaba divertirse, haciendo bromas prácticas a los de su familia y escribiendo ingeniosos versos para sus amigos. Cuando sus dos hermanas anunciaron que se irían al convento, sintió que el corazón se le hacía pedazos. Pero poco más tarde, percibió que él también tenía vocación para la vida religiosa. Siempre consideró que su vocación era un magnífico don del Señor, que jamás habría merecido por sus propias cualidades.

En 1911, a los 20 años de edad, Miguel ingresó a la Compañía de Jesús. Ese mismo año, el General Porfirio Díaz, que había sido dictador de México por muchos años, fue derrocado por un nuevo gobierno revolucionario encabezado por Francisco

Madero. A partir de entonces, los planes que el joven Pro tenía para el futuro cambiaron drásticamente.

La rapidez con que Madero introdujo sus reformas agrarias y sociales no logró satisfacer a los revolucionarios más exaltados de México, que pronto volvieron a movilizar el descontento social. No pasó mucho tiempo antes de que los nuevos revolucionarios llegaran a golpear fuertemente a las puertas de la hacienda en la que Miguel y sus compañeros seminaristas vivían. El 15 de agosto de 1914, las sotanas fueron reemplazadas por vestiduras donadas por los campesinos y los seminaristas pasaron a la clandestinidad. Miguel viajó a España para reanudar sus estudios en una casa jesuita de Granada.

Los disturbios civiles en México dificultaban la correspondencia, y Miguel se pasaba semanas y meses preocupado por su familia, pero ocultaba su dolor haciendo bromas y riendo. Cuando empezó a perfeccionar sus dotes de mímico imitando los curiosos modales de uno de sus maestros, se ganó tres días de castigo sin recreación. Muchas veces se ofrecía para empujar el enorme carro en el que se llevaban los alimentos al comedor, haciendo creer que era un automóvil que él iba manejando. Los demás seminaristas miraban las cómicas pantomimas que hacía y tenían que esforzarse para no estallar en risas que pudieran llegar a oídos del rector.

**El trabajo por la justicia.** En 1920, Miguel fue enviado a Nicaragua a trabajar dos años en un internado para niños, y luego a Bélgica para proseguir sus estudios. Su don natural para llevarse bien con los trabajadores de ambos sexos le merecieron una gran popularidad, y así llegó a interesarse en un movimiento francés de acción social cristiana que pensó que serviría de modelo para la justicia en México. En 1925 fue ordenado en Bélgica, aconte-cimiento que le llenó de enorme gozo, aunque nadie de su familia pudo asistir a la ceremonia. "Al menos somos sacerdotes", dijo a sus amigos, "y eso me basta."

Poco después, el Padre Miguel tuvo que abstenerse de traba-jar por el dolor intenso que le causaban unas úlceras sangrantes que le habían aparecido en el estómago. Tuvo tres operaciones, pero sin éxito, por lo que lo mandaron de regreso a México con pocas esperanzas de recuperación. Llegó a Ciudad de México a principios de julio de 1926 con un pasaporte que lo catalogaba de "religioso". Milagrosamente nadie pareció advertirlo en la aduana y lo dejaron entrar al país.

La época de su llegada no podía haber sido mejor. El 31 de julio de 1926, los obispos de México protestaron por la opresiva política del gobierno hacia la Iglesia suspendiendo todas las cere-monias religiosas públicas en las que se requería la presencia de un sacerdote. La gente se agolpó por multitudes frente a las igle-sias por temor a que fuera su última oportunidad de recibir los sacramentos, y el Padre Pro pasó los primeros días en su patria escuchando confesiones, celebrando Misa, bautizando y casando a los fieles.

"Mi pobre cuerpo acaba de dejar la suavidad de los cojines del hospital y todavía no se acostumbra a la dureza del asiento del confesionario", decía entre risas. Pero después del arduo trabajo, sus dolencias estomacales empezaron a desaparecer. "Me siento fuerte como un roble", le escribía más tarde a un amigo.

**Sacramentos en secreto.** Valiéndose de sus disfraces, el Padre Pro empezó a visitar los hogares de los fieles usando claves secre-tas y distribuyendo la Comunión a cientos de personas que entraban y salían, tratando de no llamar la atención de la policía. El gentío se agolpaba para escuchar sus retiros y homilías, de manera que él vivía en constante peligro. Cuando salía de la casa, se detenía para encender un cigarrillo y, antes de seguir, miraba a su alrededor para ver quién lo estaba esperando.

Una vez, creyendo que lo seguían dos hombres, llamó un taxi y luego le pidió al complaciente conductor que redujera la velocidad mientras se arrojaba en plena marcha. Afirmado en un poste de alumbrado, vio que los hombres lo iban siguiendo en otro taxi, pero no lo vieron. En otra ocasión, cuando sabía que sus perseguidores lo estaban alcanzando, le susurró a una mujer que pasaba por allí, "Ayúdeme por favor, soy sacerdote." Ella lo tomó del brazo, y los hombres pasaron de largo. A veces decía que su arma era el crucifijo y mostrándolo declaraba, "¡Con él no le temo a nadie!"

El superior del Padre Pro le ordenaba a menudo que se mantuviera escondido para que no lo arrestaran. En tales ocasiones, aprovechaba el tiempo para estudiar teología, pero le costaba mucho permanecer atrapado en un lugar, especialmente sabiendo cuánto lo necesitaba la gente. "Los que me retienen aquí no se dan cuenta del fuego que arde en mí", explicaba.

**El deseo del martirio.** En esta época, sus dos hermanos menores, Humberto y Roberto, simpatizaban con los cristeros, un grupo que criticaba abiertamente la política del gobierno contra la Iglesia.

En diciembre de 1926, después que el grupo lanzó 600 globos llenos de volantes de sentido religioso por toda la ciudad, la casa de Miguel fue allanada por la policía. Siendo el único presente en ese momento, fue arrestado y enviado a la cárcel, pero al día siguiente lo dejaron libre.

El incidente no logró amedrentarlo en lo más mínimo. Si bien él mismo no buscaba situaciones de peligro, la idea de ser mártir le atraía. En una carta escribía, "El número de mártires crece día a día. ¡Cómo me gustaría sacarme un número premiado!" Luego añadía que si así sucedía, "tengan sus oraciones listas para el cielo."

El 13 de noviembre de 1927, desconocidos usaron un automóvil que había pertenecido a los hermanos de Miguel en un atentado para asesinar al presidente recién elegido, General Álvaro Obregón. Cinco días más tarde, Miguel y sus dos hermanos —que eran totalmente ajenos al incidente— fueron arrestados y encarcelados. No hubo juicio.

Al amanecer del 23 de noviembre, los llevaron fuera de la prisión. Los funcionarios de gobierno, queriendo mostrar al mundo la "cobardía" de un sacerdote que enfrentaba la muerte, invitaron a los fotógrafos y reporteros a observar lo que sucedía. Pero el plan les resultó un chasco total. Vestido con un raído traje marrón y un suéter color canela, Miguel Pro enfrentó serenamente al pelotón de fusilamiento. Por un momento se arrodilló, oró y besó su crucifijo. Luego, rehusando la venda, se puso de pie sosteniendo el crucifijo en una mano y un rosario en la otra, y extendió los brazos en cruz. Allí, perdonando a sus enemigos, gritó fuertemente, "¡Viva Cristo Rey!" Cinco balas le impactaron el pecho y una sexta le perforó el cráneo poniendo fin a su vida.

Más de 10.000 personas participaron en la procesión que acompañó el sepelio del Padre Pro, gritando repetidamente "¡Viva Cristo Rey!" en abierto desafío al gobierno. Los informes de milagros comenzaron a circular de inmediato, incluso antes del entierro del mártir.

La vida del Padre Miguel Pro desmiente las ideas que muchos tienen acerca de la santidad. Era joven, inquieto, osado y bromista. Al dar su vida por su pueblo, se convirtió en fuente de valentía y fortaleza para miles de mexicanos durante esa época de intensa persecución religiosa. Miguel Pro, testigo del amor sacrificado de Jesús, fue beatificado el 25 de septiembre de 1988.

# La Vida de San Miguel Agustín Pro

**1891**    Nace el 13 de enero en Zacatecas, México

**1911**    Ingresa a la orden de los jesuitas; el dictador mexicano General Porfirio Díaz es derrocado

**1914**    Entra en la clandestinidad para ocultarse de los revolucionarios; viaja a Granada, España, donde reanuda sus estudios

**1920**    Trabaja en un internado para niños en Nicaragua

**1925**    Es ordenado sacerdote el 31 de agosto en Bélgica; sufre de graves úlceras estomacales

**1926**    Llega a México en julio; es arrestado y encarcelado en diciembre, pero queda en libertad al día siguiente

**1927**    Asesinado por oficiales del gobierno el 23 de noviembre

**1988**    Beatificado por el Papa Juan Pablo II el 25 de noviembre

# Tarde te amé

San Agustín de Hipona

354 – 430

Había sido una travesura de adolescentes; robarse las peras del árbol del vecino. Pero, mirando en retrospectiva, muchos años más tarde, el incidente le pareció reprensible. En realidad no sacaba las peras para comérselas, porque tan pronto las arrancaba, las arrojaba al suelo, a los cerdos; no buscaba nada más que la emoción de cometer el robo con sus amigos. "Sólo comí la maldad, en que me gozaba con fruición" (*Confesiones*, libro II,12).

San Agustín escribió la historia de su conversión hace más de 1.600 años, pero los muchos siglos transcurridos no aminoran la cualidad inmediata de sus luchas, ni de su victoria final. Siendo un joven brillante y apasionado que buscaba la verdad con todas sus fuerzas, se sentía atraído por las tentaciones de la carne y las vanidades del mundo. Tuvo que librar una intensa batalla contra su propia voluntad, al cabo de la cual descubrió la verdad de Cristo y el poder de la cruz para vencer al pecado. La esencia de su travesía de fe hacia Dios quedó prendada en una famosa frase de los párrafos introductorios de su libro, las *Confesiones*: "Nos hiciste para Vos, y nuestro corazón anda desasosegado hasta que descanse en Vos" (1,1).

Agustín vivió bajo la dominación del Imperio Romano. Nació en el 354 en la provincia africana de Numidia, en la actual región oriental de Argelia. Su madre, Mónica, era una cristiana devota; su padre, Patricio, era un hacendado pagano. La familia no era acaudalada, pero sus padres pudieron enviarlo a buenas escuelas.

**Superaba a sus amigos en el pecado.** A los 16 años, se vio obligado a esperar un año en su ciudad natal de Tagaste, mientras su padre trataba de reunir dinero suficiente para enviarlo a la universidad de Cartago. Fue un año que pasó en medio del ocio y el pecado. De esos días escribió: "Iba precipitándome con tan gran ceguera, que entre los de mi edad me avergonzaba de mi menor desvergüenza, pues los oía jactarse de sus maldades" (II,7).

En Cartago, Agustín aventajaba a los de su clase en estudios de retórica, con lo que se sentía muy satisfecho de sus éxitos y estaba "hinchado de vanidad" (III,6). El teatro le cautivó, pero cuando tenía 18 años, leyó *Hortensio*, de Cicerón, y el rumbo de su vida cambió por completo: "De repente me pareció vil toda vana esperanza, y con increíble ardor de corazón deseaba la inmortalidad de la sabiduría" (III,7). Luego, se dedicó a leer la Biblia, pero le pareció inferior a la filosofía de Cicerón, cuyo estilo grandilocuente sobrepasaba con creces la incómoda traducción bíblica al latín que entonces se usaba comúnmente. Agustín prefirió hacerse maniqueo.

Los maniqueos se decían cristianos auténticos, pero negaban la realidad de la humanidad de Cristo, veneraban al sol y la luna como entes divinos y enseñaban que su fundador, Mani, era el Paráclito. Creían que el mal del mundo era resultado de una gran batalla entre los reinos de la luz y de la oscuridad. Como consideraban que el mal era una fuerza ajena a ellos mismos, no se hacían responsables de sus propias transgresiones. Más tarde lo explicaba el propio Agustín de la siguiente manera: "Todavía me seguía pareciendo que no somos nosotros los que pecamos, sino que es otra naturaleza, no sé cuál, la que peca en nosotros" (V, 18).

A los 19 años regresó a su pueblo natal, y Mónica se indignó al descubrir que su hijo se había hecho maniqueo y al principio se negó a recibirlo en su casa, pero tras el consejo de un buen obispo, accedió. En esta época, Agustín consiguió emplearse como profesor de retórica; decidió vivir con la mujer que le había dado un hijo, y se interesó en la astrología. Pero cuando murió uno de sus amigos más queridos se sintió conmocionado hasta las entrañas. Agobiado de dolor, "veía en todas las cosas la muerte" (IV,9). No pudo quedarse más en Tagaste, porque todo le hacía recordar a su amigo. A los 22 años se trasladó a Cartago, con su pequeño hijo y la madre de éste; allí podría ejercer su docencia.

Pasaron los años y Agustín empezó a cuestionar algunas de las enseñanzas más extrañas de los maniqueos, así como la ausencia de bases científicas en la astrología. Cuando tenía 29 años, decidió ir a Roma para enseñar retórica, porque había escuchado que los estudiantes allí tenían mejor conducta que los de Cartago. A su madre le molestó tanto la idea de que su hijo se fuera lejos, que él tuvo que escabullirse una noche cuando ella dormía. Mónica nunca dejó de rogar al Señor que le trajera de regreso a su hijo y se consolaba con el sueño de que un día se haría cristiano.

**La luz comienza a amanecer.** Los estudiantes de Roma eran más tranquilos, pero también eran astutos porque cuando llegaba la hora de pagar sus cuentas se iban a otros profesores. Por eso, Agustín se postuló a una cátedra de retórica en la ciudad de Milán y fue aceptado. Allí conoció al obispo de la ciudad,

Ambrosio, que era devoto y muy respetado. Al principio, Agustín se sintió atraído por el estilo retórico del obispo, pero el mensaje que éste predicaba no tardó en llegarle al corazón. Agustín se dio cuenta de que había juzgado erróneamente muchas de las doctrinas de la Iglesia, y descubrió que podía aceptar los pasajes difíciles del Antiguo Testamento cuando Ambrosio los explicaba. Finalmente, decidió hacerse catecúmeno de la Iglesia Católica, aunque no estaba del todo convencido; seguía esperando "descubrir algo seguro" que guiara sus pasos (V,25).

Mónica fue a reunirse con su hijo en Milán, donde lo encontró gravemente deprimido. De este trance, Agustín escribió, "desconfiaba y desesperaba de hallar la verdad" (VI, 1). Mónica redobló sus ruegos e hizo arreglos para que su hijo se casara, convencida de que una vez casado quisiera recibir el bautismo. Encontraron a una jovencita de una buena familia, pero Agustín tenía que esperar dos años hasta que su futura esposa cumpliera la edad mínima para casarse según la ley romana. Envió de regreso a Cartago a la mujer que lo había acompañado hasta entonces, porque era un obstáculo para su inminente boda, hecho que fue bastante doloroso para los dos, como él mismo lo comentó: "El corazón me quedó desgarrado por donde estaba adherido, llagado y sangrante" (VI, 25). En el entretanto, tomó a otra amante porque, como lo confesó, "era esclavo de la lascivia" (VI, 25).

Continuó buscando la verdad y así comenzó a leer los libros de los seguidores de Platón, que le ayudaron a darse cuenta de que los conceptos originales de los maniqueos acerca de Dios eran imperfectos. Los escritos de los platónicos le permitieron vislumbrar al Dios verdadero y le prepararon el corazón para las epístolas de San Pablo. Las dificultades que antes había experimentado con la Escritura "se desvanecieron" (VII, 27).

**La batalla de la voluntad.** Pero todavía quedaba un último acto en el drama de Agustín: tenía que abandonar su vida antigua, el camino de pecado y corrupción, y abrazar la vida de la gracia. Un día, él y su buen amigo Alipio recibieron la visita de un oficial africano de nombre Ponciano, que les contó la vida de San Antonio el egipcio, que había vivido como monje. Unos amigos de Ponciano se habían sentido tan inspirados por la vida de este santo que inmediatamente ingresaron a un monasterio. Al escuchar, Agustín se llenó de vergüenza y horror al reconocer su propia pecaminosidad. "¿Qué es esto que nos pasa?" le preguntó a Alipio, "¡Levántanse los indoctos y arrebatan el Cielo, y nosotros con nuestra ciencia, faltos de corazón, he aquí que nos revolcamos en la carne y la sangre!" (VIII, 19).

Agustín se retiró al huerto de la casa donde vivía, torturado en su mente y su corazón. Sabía que la única condición necesaria era "querer ir" por el camino angosto (VIII, 19), pero su voluntad seguía siendo débil e incapaz de ordenarle que diera el paso final hacia Dios, y así se encontraba "vacilando en morir a la muerte y vivir a la vida. Y podía más conmigo lo malo inveterado, que lo bueno desacostumbrado" (VIII, 25). Sus frivolidades y vanidades, "antiguas amigas" (VIII, 26), lo retenían, susurrándole y recordándole cosas que jamás volvería a experimentar.

Se sintió deshecho; se tiraba el cabello, se golpeaba la frente y se echaba a llorar. Luego, como él mismo lo dijera, "la casta dignidad de la continencia" se le apareció como en una visión, serena y alegre, sin liviandad, "halagándome honestamente para que me acercase a ella y no dudase" (VIII, 27). Agustín vio largas filas de hombres y mujeres que habían permanecido castos, y la dama le recordaba que Dios les había dado la gracia.

De pronto escuchó una voz, como de un niño pequeño, que

entonaba un cántico con las palabras "toma, lee; toma, lee" (VIII, 29), que interpretó como un mandato de Dios. Tomó la Biblia y abriéndola le salió el pasaje siguiente: "No andemos en borracheras y banquetes ruidosos, ni en inmoralidades y vicios ni en discordias y envidias. Al contrario, revístanse ustedes del Señor Jesucristo como de una armadura, y no busquen satisfacer los malos deseos de la naturaleza humana" (Romanos 13,13-14). Agustín sintió que la paz le invadía el corazón. Fue "como si una luz de seguridad se hubiera difundido en mi corazón, todas las tinieblas de la duda se desvanecieron"(VIII, 29). Tras este incidente, él y Alipio tomaron la decisión de vivir en la luz de Cristo y de inmediato fueron a contarle a Mónica, que se llenó de gozo.

Al final del año académico, Agustín abandonó su cátedra y se fue a pasar vacaciones a la finca de un amigo. Volvió a Milán y en abril del 387, a la edad de 32 años, fue bautizado y recibido en la Iglesia. Agustín, su hijo Adeodato, su madre y sus amigos acordaron regresar al África, pero en el viaje, en Ostia, lugar cercano a Roma, falleció Santa Mónica.

Agustín llegó al África en 388. En 391, la congregación de la catedral de Hipona lo presentó al Obispo Valerio para ser ordenado sacerdote. Agustín fundó un monasterio en Hipona, se dedicó a debatir públicamente con los maniqueos y escribió muchos artículos en defensa de la fe católica. En 395 fue nombrado Obispo de Hipona. Era un escritor fecundo, y siendo obispo publicó sus dos obras más famosas: las *Confesiones* y *La ciudad de Dios*. Sus escritos teológicos siguen siendo hasta hoy la base de muchas creencias y doctrinas cristianas importantes. El 28 de agosto de 430, a la edad de 76 años, terminó su vida en una muerte pacífica.

"Tarde te amé, hermosura tan antigua y tan nueva: tarde te

amé" escribió Agustín en sus Confesiones (X, 38). Su peregrinación hacia Dios había demorado más de lo que probablemente él hubiera querido, pero el Señor no perdió tiempo alguno en transformar la natural pasión, energía y brillantez de Agustín para servirle a Él y a su Iglesia. Las incesantes oraciones de Santa Mónica fueron así respondidas mucho más de lo que ella jamás se habría imaginado.

# La vida de San Agustín de Hipona

**354**    Nació el 13 de noviembre en Tagaste, pueblo de la provincia romana de Numidia

**370**    Viaja a Cartago a estudiar en la universidad

**372**    Lee el *Hortensio* de Cicerón y esta obra cambia el rumbo de su vida; nace su hijo Adeodato de la relación que tuvo con la mujer que lo acompañó en Cartago

**373**    Regresa a Tagaste para asumir un cargo de docente en retórica; se hace maniqueo

**376**    Acongojado por la pérdida de un amigo querido, se va de Tagaste para tomar una cátedra en Cartago, haciéndose acompañar por la mujer y su hijo

**383**    Se traslada a Roma a ejercer como maestro

**384**    Se hace cargo de una cátedra en Milán; lee libros platónicos; su madre, Mónica, se reúne con él

**386**    Experimenta la conversión en julio

**387**    Es bautizado en abril y recibido en la Iglesia; Santa Mónica muere en el viaje de regreso al África

**389**    Adeodato muere a los 17 años de edad

**391**    Ordenado sacerdote en la catedral de Hipona

**395**    Nombrado Obispo de Hipona

**397-400** Escribe sus *Confesiones*

**430**    Muere el 28 de agosto en Hipona a los 76 años de edad

# La corona de la gloria

# Transformado en la semejanza de Cristo

---❦---

La conversión de San Francisco de Asís

E l sorprendente caso del hijo de un acaudalado comerciante que llegó a ser el mendigo de la ciudad. ¿Qué fue lo que llevó a un joven muy querido y aceptado por todos a empezar a hablar de "la Dama Pobreza"? ¿Qué fue lo que hizo que el despreocupado "rey de las fiestas" abandonara la juerga y dedicara su tiempo a reconstruir con sus propias manos una vieja y derruida capilla?

La historia de la conversión de San Francisco es la historia del profundo deseo que tiene Dios de transformar el corazón humano. Y es la historia de la respuesta de un hombre que supo aceptar la invitación divina, una respuesta a veces incierta e inquisitiva, a veces angustiada, pero siempre de todo corazón.

En busca de aventura y fama. Nacido en Asís, en la zona central de Italia, en el año 1181 ó 1182, Francisco fue hijo de don Pedro Bernardone y su esposa Pica. Como heredero del próspero negocio de géneros de don Pedro, Francisco usaba vestimentas a la moda que obtenía del inventario de su padre y le gustaba agasajar a sus amigos con banquetes y fiestas. Le cautivaban las historias de caballeros andantes con brillantes armaduras y anhelaba el día en que cabalgara gloriosamente al campo de batalla. Entusiasta y generoso, Francisco era muy popular entre sus amigos, pero cuando tenía aproximadamente 20 años de edad, experimentó un vuelco tan grande en su vida que empezó a reconocer el vacío y la vanidad de su vida.

En 1202 salió junto a sus conciudadanos a combatir en una guerra contra la vecina ciudad de Perugia. Esta era la gran oportunidad que esperaba de demostrarse como gran "caballero" armado, pero la aventura terminó en derrota. Pasó un año en cautiverio, período en el que se dedicó a alentar a sus compañeros de prisión con sus demostraciones de bondad y paciencia y con sus alegres canciones. Después de recuperada la libertad, cayó enfermo con fiebre durante largo tiempo, al cabo del cual se puso a pensar en el sentido de su vida y en las cosas de la eternidad. Pero seguía teniendo un intenso deseo de nuevas aventuras. Cuando recuperó la salud, ingresó en una compañía de caballeros que servían al Papa.

En 1205 partió nuevamente al campo de batalla, pero otra enfermedad le frustró sus aspiraciones. Una noche, en medio de delirios, escuchó una voz que le preguntaba, "¿Quién crees que te puede recompensar mejor, el amo o el siervo?" "El amo", respondió, y la voz le volvió a decir, "Entonces, ¿por qué dejas al amo para servir al siervo, al rico Señor por el hombre pobre?" Francisco regresó a su casa sin entender lo que significaba el sueño, pero convencido de que Dios le estaba hablando.

**La Dama Pobreza lo conquista.** De regreso en Asís, Francisco se entregó nuevamente a sus pasatiempos preferidos, pero ya no lo hacía de corazón. Empezó a despreciar lo que hacía antes y a creer que había desperdiciado su vida en cosas triviales y pasajeras.

Luchando consigo mismo y buscando el rumbo que debía seguir, pasó horas en intensa oración a la intemperie o en oscuras cuevas, siempre tratando de discernir la voluntad de Dios. Poco a poco empezó a sentir el deseo de vivir como Jesús, a quien llamaba "el Cristo pobre".

Una noche, después de estar de juerga con sus amigos, Francisco experimentó una manifestación del amor de Dios, tan profunda que se quedó embelesado. Cuando los amigos se burlaban diciéndole que al parecer se había enamorado, les replicó: "Tomaré una esposa tan noble y hermosa como jamás la hayan visto vuestros ojos, pues excede en gentileza y sabiduría a todas las conocidas." Así se comprometió con la "Dama Pobreza" y decidió vivir con la mayor sencillez, imitando al Cristo pobre, que le había cautivado el corazón.

Inspirado para ir de peregrinación a Roma, Francisco se encontró cara a cara con la pobreza con la cual se había comprometido personalmente. En Roma cambió las ropas elegantes que llevaba por andrajos y pidió limosna para comer. Finalmente, el idealista trovador tuvo la oportunidad de poner en práctica los ideales que le habían llenado la imaginación.

**Dominado por el amor.** El hecho de experimentar la pobreza le resultó liberador, y cuando regresó a casa, ya no temía vivir al borde de la necesidad. Con todo, sabía que tendría que dar muchos pasos más. La prueba final le llegó varios años más tarde cuando vio por el camino a un hombre aquejado de lepra. Viendo la terrible enfermedad sintió repugnancia e instintivamente se retiró; pero cuando se detuvo pensó que había llegado la hora de encarar el orgullo y la falta de amor que tenía en su propio ser.

Volvió donde el leproso y lo abrazó; le besó la mano enferma y le dio unas monedas. En este simple acto de amor, Francisco sintió que su natural aversión a los enfermos y los despreciados iba desapareciendo, y en su lugar le nació tal compasión que al día siguiente se dedicó a dar dinero a todos los leprosos del hospital de la ciudad y les pidió perdón por haberlos despreciado tantas veces antes.

Francisco comenzó a cuidar a los enfermos, pero también continuó pidiéndole a Dios que le mostrara un propósito más concreto para su vida. Un día en 1207, mientras oraba en la derruida iglesia de San Damián, escuchó que Jesús le hablaba desde el crucifijo: "Francisco, quiero que reconstruyas mi casa, que como ves se está derrumbando."

Tan deseoso estaba Francisco de hacer lo que Dios le pidiera, que tomó estas palabras literalmente y se dispuso a reparar la capilla que estaba en ruinas. Sin pensarlo dos veces, vendió una parte de los géneros de su padre para tener dinero para comprar ladrillos, pero a éste no le entusiasmaba la liberalidad con que su hijo trataba sus bienes. Más bien indignado, arrastró a Francisco ante el tribunal episcopal.

En el juicio ante el obispo, Francisco realizó un dramático gesto que marcaría el rompimiento definitivo con su vida anterior: Le devolvió a su padre hasta las ropas que llevaba puestas. "Hasta ahora he llamado padre en la tierra a Pedro Bernardone —declaró— pero de hoy en adelante sólo deseo decir 'Padre nuestro que estás en el cielo'." El Obispo Guido reconoció que de una manera u otra el Espíritu Santo estaba actuando en Francisco, por lo que cubrió con su capa al joven desnudo, dando así a entender que éste quedaba bajo la protección de la Iglesia. Desde ese momento, Francisco se vistió con una túnica rústica y vivió "según el Evangelio".

**Nace una hermandad.** Francisco recorría Asís anunciando el amor de Dios a todos y cantando sus alabanzas. No pasó mucho tiempo antes de que otros jóvenes se sintieran atraídos a su estilo de vida y comenzaran a seguirlo; pero no sabían bien qué debían hacer, por lo que decidieron pedirle guía a Dios.

Con la sencillez que caracterizaba todas sus decisiones, Francisco y sus nuevos hermanos abrían tres veces al azar uno de los evangelios. El primer pasaje decía, "Si quieres ser perfecto, anda y vende lo que tienes y dáselo a los pobres, y así tendrás un tesoro en el cielo; luego ven y sígueme." El segundo decía, "No lleven nada para el viaje, ni bastón, ni bolsa, ni pan, ni dinero." Finalmente, el tercero decía, "Si alguno quiere seguirme, que se niegue a sí mismo." "Hermanos," dijo Francisco, "esta es nuestra vida y nuestra regla. Cumplamos lo que hemos escuchado."

Más tarde, Francisco describía los primeros días de la hermandad en su Testamento: "Cuando el Señor me dio unos hermanos, ninguno de ellos me mostró lo que yo debía hacer, pero el propio Altísimo me reveló que debía vivir según el modelo del santo Evangelio." La nueva hermandad obtuvo la aprobación del Papa Inocencio III en 1210.

Haciéndose llamar Frailes Menores —es decir, los menos importantes de la sociedad— los hermanos se dedicaron a predicar no sólo en Italia, sino también en Alemania, España, Francia, Marruecos y el Oriente. Al estilo de los trovadores, iban cantando del amor de Dios y llamando a la gente de pueblos y aldeas a arrepentirse de sus pecados y recibir el perdón mediante la cruz de Jesucristo. Los hermanos vivían con sencillez: Trabajaban para ganarse el sustento y pedían limosna cuando no encontraban trabajo. Daban con liberalidad a quienquiera les pidiera algo y no se guardaban nada para sí mismos.

**Crucificados con Cristo.** El Evangelio que Francisco y sus hermanos predicaban —junto con el testimonio de su vida— produjo efectos profundos. No sólo hubo innumerables personas que se entregaron al Señor, sino que la hermandad misma creció con una rapidez que pronto puso a prueba la capacidad de Francisco para guiarla. Con el tiempo, muchos de los hermanos más nuevos encontraron que la estoica miseria que el Pobrecillo y los primeros frailes practicaban era demasiado difícil de imitar. Los hermanos más instruidos criticaban el espíritu despreocupado de su fundador y lo acusaban de ser poco previsor y cándido. Querían más seguridad material y una organización más definida, por lo que presionaron a Francisco para que escribiera una nueva regla.

Francisco aceptó, pero muchos siguieron considerando que incluso esta regla modificada era todavía demasiado estricta. Por esto, el Cardenal Ugolino —consejero de la orden— la modificó más aún y obtuvo la aprobación del Papa Honorio en 1223. Profundamente herido por las reformas que se le habían introducido a su "ideal evangélico", Francisco buscó la consolación encerrándose frecuentemente para orar a solas con Dios.

El mes de septiembre de 1224 lo pasó Francisco orando y ayunando en una ermita en las escarpadas montañas de Alverno. Allí, durante una resplandeciente visión del Cristo herido, se le abrieron las llagas del Señor crucificado en las manos, los pies y el costado. Tan completamente se había convertido Francisco a Jesucristo que llegó a parecerse a su Señor incluso en su apariencia física.

"Hice lo que me correspondía hacer". En los dos años de vida que le quedaban, Francisco sufrió de pleuresía, úlcera estomacal y ceguera, además de llevar consigo las heridas de Cristo. Sin embargo, al aproximarse el fin de su vida, se sentía contento; confiado en que, en todas sus tribulaciones e intentos de entender cómo responderle a Dios, había obedecido la llamada del Señor a su mejor saber y entender. "Hice lo que me correspondía hacer", les dijo a sus hermanos; "que Cristo les enseñe a ustedes lo que tienen que hacer."

Al anochecer del 3 de octubre de 1226, contando 45 años de edad, Francisco pidió que lo dejaran descansar sobre el suelo desnudo de la capilla en la que tantas veces había orado con sus compañeros. Después que le leyeron la pasión de Cristo, cantó el Oficio de Vísperas con sus hermanos y con voz entrecortada entonó el Salmo 142: "Sácame de mi prisión para que pueda yo alabarte. Los hombres honrados me rodearán cuando me hayas tratado bien." Luego se quedó en silencio.

Una vez había animado a su querido hermano Fray León diciéndole, "Cualquiera que sea la manera en que mejor creas que vas a complacer al Señor, hazlo así." Incluso cuando muchas veces se sentía inseguro de lo que debía hacer, Francisco siempre trataba de "complacer a nuestro Señor". En cada paso que daba abría más su corazón a la gracia transformadora de Cristo hasta que estuvo plenamente conformado a su semejanza. Quiera el Señor que nosotros, al igual que San Francisco, también busquemos siempre el camino o la actitud que nos haga más gratos al Señor.

# San Francisco de Asís

**1181 (1182)** Nace en Asís; sus padres fueron Pedro y Pica de Bernardone. Es bautizado con el nombre de Juan cuando su padre estaba ausente por motivos de negocios, pero a su regreso éste le cambia el nombre al de Francisco

**1202** En noviembre estalla la guerra entre Asís y Perugia; toman prisionero a Francisco durante un año

**1204** Sufre una prolongada fiebre y luego convalece

**1205** En la primavera se une a las tropas papales; regresa a casa después de un sueño

**1205/1206** Épocas de intensa oración; se compromete voluntariamente con la "dama Pobreza"; peregrinación a Roma; encuentro con un leproso

**1206 (1207)** Mensaje del crucifijo de San Damián

**1207** Juicio con su padre ante el Obispo Guido

**1208/1209** Los primeros seguidores se unen a Francisco

**1209 (1210)** Va a Roma con sus once primeros seguidores; el Papa Inocencio III aprueba su Regla original

**1212** El Domingo de Ramos, al caer la noche, Clara es recibida en la Porciúncula y pronto queda instalada en San Damián, donde se establecen las "hermanas pobres"

**1219** Capítulo General en la Porciúncula; viaja al Medio Oriente y le predica al Sultán

**1221** Presentación de la Regla "no confirmada" al Capítulo General en la Porciúncula

**1223** El Papa Honorio III aprueba la Regla en su forma final; Francisco populariza la práctica de hacer el pesebre navideño en Greccio

**1224** En septiembre, recibe las estigmas

**1226** Muere el 3 de octubre

**1228** El Papa Gregorio IX canoniza a San Francisco

# "De todo, lo más importante es amar."

El testimonio de Dorothy Day

1897 - 1980

"Casi todos los seminaristas de mi época sintieron su
influencia. Era raro encontrar a un sacerdote joven que
no se hubiera impresionado con su vida. Ya fuera que apreciáramos o no
su apasionada dedicación a los pobres, o que incluso siguiéramos sus pasos
desde lejos, su persona nos preocupaba. Ese fue el legado que nos dejó, un
legado que todavía guardo con cariño."

—Cardenal John O´Connor, de Nueva York

C uando el Cardenal O´Connor
propuso la idea de canonizar a Dorothy Day, en noviembre de
1997, año del centenario del nacimiento de Dorothy, lo hizo presentando a una mujer que hablaba valientemente en contra de la injusticia, aunque mucha gente se incomodara.

Dorothy Day, cofundadora del movimiento *Catholic Worker* (Obrero católico), combinaba la práctica de la caridad cristiana con la lucha por la justicia social. Su crítica contra las estructuras económicas y sociales que mantenían a innumerables personas y familias en el cautiverio de la pobreza, hacía despertar a católicos y cristianos de todas partes a la necesidad de cambiar las abusivas condiciones de trabajo que soportaban los débiles y vulnerables. Su profunda vida de fe, que nutría constantemente con la oración, la meditación bíblica y los sacramentos, la sostenía para vivir la llamada que Dios le había dado de preocuparse de los pobres y los indigentes.

**Las agitaciones de una vocación.** Mucho antes de convertirse al catolicismo, Dorothy Day sentía angustia por las enormes desigualdades sociales que veía por doquier. Nacida el 8 de noviembre de 1897 en Brooklyn, Nueva York, pasó la mayor parte de su niñez en una relativa comodidad. En la adolescencia, se sintió tan conmovida por la obra *The Jungle*, de Upton Sinclair, que emprendía largas caminatas desde el vecindario de clase media en el que vivía en Chicago hasta los barrios pobres descritos en esa obra. Su familia no era religiosa, pero con frecuencia ella se daba cuenta de que pensaba en Dios. Así fue como empezó a asistir a una iglesia episcopaliana con una vecina y poco a poco fue encariñándose con los Salmos.

En 1914, a los 16 años de edad, obtuvo una beca para estudiar en la Universidad de Illinois, en la ciudad de Urbana, donde conoció a otros que compartían sus inquietudes sobre los problemas de la sociedad. Cuando su familia volvió a trasladarse a Nueva York, dos años más tarde, dejó la universidad y empezó a trabajar como reportera de un periódico socialista de la ciudad.

**Una neoyorquina radical.** Durante los años siguientes, Dorothy se desempeñó en varios periódicos de tendencia laboral y en su tiempo libre compartía con un grupo literario de amigos radicales en la zona de Greenwich Village. A los 20 años fue encarcelada durante varias semanas por hacer demostraciones en favor del derecho de voto para la mujer. En esa época, se enamoró perdidamente de un ex columnista del periódico y quedó esperando un bebé que él no deseaba. Desesperada por tratar de consolidar la relación, decidió abortar; pero fue en vano. Abandonada, se encontró desorientada y desolada. Varios meses más tarde terminó casándose con un hombre mayor, pero la unión sólo duró un año. Cuando regresó a Nueva York, conoció a Forster Batterham, que vendría a ser su marido de hecho, ya que nunca se casaron.

La ironía del caso es que la felicidad que Dorothy experimentó con Batterham y el gozo de descubrir que había concebido un hijo de él fueron los que la llevaron al Señor. Así fue que se encontró haciendo oración, y "alentada para orar, porque quería darle gracias al Señor, continué orando." Pronto comenzó a asistir regularmente a la Misa católica, pero su interés por la religión empezó a causar tensión entre ella y Forster, que era ateo declarado.

Cuando nació Tamar, en marzo de 1927, Dorothy hizo bautizarla y esto fue causa de mayor tensión aún. Sabía que no podría seguir con Forster si se hacía católica, porque él no estaba dispuesto a casarse ni por la ley ni por la Iglesia. Ella lo amaba con todo su corazón, como lo atestiguó más tarde diciendo, "el pensar en dejarlo era una agonía para mí." Finalmente se separaron y Dorothy pidió el bautismo en la Iglesia Católica.

**Aliada con "la oposición".** El hecho de que Dorothy aceptara al Señor y se incorporara a la Iglesia también le significó perder sus amigos radicales, los cuales consideraron que ella se había "pasado a la oposición, porque naturalmente la Iglesia estaba alineada con los bienes, los ricos, el estado y el capitalismo." Apreciación con la cual, en muchos sentidos, ella concordaba. "Había bastante caridad, pero demasiada injusticia", escribió una vez.

Con todo, tenía una profunda convicción interior de que Jesús vivía en su Iglesia. "Los sacerdotes eran los dispensadores de los Sacramentos, brindando a Cristo a los hombres, dándonos a todos la capacidad de revestirnos de Cristo y de aproximarnos más a un sentido de paz y unidad en el mundo."

Durante varios años, Dorothy continuó escribiendo reportajes mientras cuidaba a Tamar. Después de cubrir una demostración realizada en Washington, D. C. en 1932, fue a la Basílica de la Inmaculada Concepción y elevó "una plegaria que me costó grandes lágrimas y mucha angustia, porque pedía que algún día tuviera la oportunidad de usar los talentos que tenía en favor de mis compañeros trabajadores, los pobres." Cuando regresó a casa del prolongado y agotador viaje, encontró a un inmigrante francés de raídas ropas que la estaba esperando.

Era Pedro Maurin, católico de ideas revolucionarias que propugnaba un nuevo orden social, basado en que cada cual viviera en la práctica el mandamiento de Jesús de amar al prójimo. Según él, a cada persona —no al estado— le tocaba atender a los necesitados. Maurin proponía la pobreza voluntaria, es decir, que cada uno usara menos para que otros tuvieran más. Ponía énfasis en la dignidad del trabajador y del trabajo, y creía que esta dignidad se realizaría más plenamente cuando la gente cultivara la tierra en lugar de esclavizarse en enormes fábricas.

**El Obrero Católico.** El plan de Maurín requería, en parte, la edición de un periódico para promover estas ideas y educar a los católicos acerca de la doctrina social de la Iglesia. Había leído los artículos que Dorothy había escrito y supo que ella podía ayudarle. Con 57 dólares que Dorothy pudo reunir, entre los dos publicaron la primera edición del Obrero Católico en mayo de

1933. Las 2.500 copias se vendían en las calles a un centavo cada una. El periódico caló hondo en el alma de los católicos que sufrían profundamente a consecuencia de la peor crisis económica de la historia de los Estados Unidos. Para 1936, la circulación se había disparado a 150.000 ejemplares.

Al mismo tiempo, Maurin y Dorothy establecieron una "casa de hospitalidad"—según el modelo de los "hospicios" cristianos de la Edad Media— para dar de comer a los indigentes y albergarlos por el tiempo que quisieran. A medida que el Obrero Católico propagaba la noticia del movimiento, numerosos voluntarios vinieron a trabajar en las casas y se establecieron nuevas comunidades en otras partes del país. En 1941 funcionaban 31 de estas casas, aparte de varias viviendas colectivas en zonas agrícolas.

El trabajo era emocionante, pero también agotador y muy difícil. Adoptar la pobreza voluntaria significaba vivir en casas derruidas y entre gente de la calle, que a veces eran rudos, borrachos, con trastornos mentales e incluso peligrosos, de manera que la privacidad o la quietud eran casi inexistentes. Si bien el claro intelecto y el idealismo de Dorothy la habían llevado a encontrar una solución para los problemas de la sociedad según el concepto evangélico de Maurin, su fe sería la que le permitiría mantener su compromiso a través de los años.

**Oración, pacifismo y cárcel.** Dorothy llevaba una vida intensamente religiosa. Amaba las Escrituras y en sus momentos de agotamiento o desánimo, o encontrándose al borde de la desesperación, se retiraba a su cuarto y se sumergía en las páginas de la Escritura. "La Biblia me ayuda a pasar las épocas dolorosas de esta vida, porque me recuerda qué es lo que estoy haciendo aquí", comentaba. Su pasaje favorito era el capítulo 12 de la Epístola a los Romanos, que ella interpretaba como ratificación de la idea de la vida comunitaria. Los santos eran sus amigos, de quienes recibía fortaleza para las luchas que sabía que tendría que enfrentar. Por eso iba a Misa casi todos los días.

Dorothy Day era invariablemente fiel a las doctrinas de la Iglesia, pero en materia de política no eludía la controversia. Una vez solidarizó con una huelga de sepultureros contra la diócesis de Nueva York. Su actitud pacifista alejó a muchos de los que apoyaban la causa del Obrero, pero estaba convencida de que su estilo de protestar sin violencia se apoyaba en el mandamiento de Jesús, de amar incluso a nuestros enemigos. En los años 50, la metieron en la cárcel por negarse a participar en simulacros de ataques aéreos.

A medida que el movimiento del Obrero fue dándose a conocer, Dorothy viajó por varias partes del país pronunciando discursos, apoyando las huelgas de trabajadores y escribiendo testimonios oculares de la pobreza y la desesperanza que mancillaban la nación. Así llegó a ser una figura controvertida y su renombre le causaba frecuentes preocupaciones de no caer víctima del pecado de arrogancia.

**Adelante por la fe.** Dorothy Day pasó la mayor parte de sus últimos 50 años viviendo en las comunidades de trabajadores, en la parte baja del lado este de Nueva York, prosiguiendo la obra comenzada con Pedro Maurin. Hasta cuando tenía 75 años fue arrestada por participar en una protesta de trabajadores agrícolas. Falleció el 29 de noviembre de 1980, a los 83 años de edad.

"Lo que quisiéramos hacer es cambiar el mundo – hacerlo un poquito más fácil para que la gente se alimente, se vista y se provea techo por sí misma, como Dios quiso que lo hiciera" escribió en 1946 en una columna del Obrero Católico; "pero —añadió— mientras más lo hacemos, más nos damos cuenta de que lo más importante es amar." Dorothy Day amó al prójimo de un modo radical. "Era una mujer radical —comentó el Cardenal O'Connor— precisamente porque era creyente; creyente y practicante." Y, como sucede con todos los creyentes que han caminado estrechamente unidos a Cristo, sus palabras y su ejemplo continúan interpelándonos hasta el día de hoy.

# La vida de Dorothy Day

**1897**  Nace el 8 de noviembre en Brooklyn, Nueva York

**1904**  Su familia se radica en la zona de San Francisco, California

**1906**  Después del terremoto de San Francisco, la familia se traslada a Chicago

**1914**  Ingresa a la Universidad de Illinois, campo de Urbana

**1916**  Abandona la universidad y consigue trabajo de reportera en un periódico socialista de la ciudad de Nueva York

**1917**  La detienen y la encarcelan en Washington, DC por participar en un movimiento pro derecho de voto para la mujer

**1918**  Se enamora de un ex reportero del periódico

**1919**  Se hace un aborto; el hombre con quien vive la abandona

**1920**  Se casa con un hombre mayor, de quien se divorcia un año más tarde

**1924**  Conoce a Forster Batterham, con quien convive sin casarse

**1927**  El 3 de marzo nace Tamar, hija de Dorothy; se separa de Batterham y se convierte al catolicismo el 28 de diciembre

**1932**  Escribe reportajes sobre una marcha de protesta en Washington, DC y ora para que Dios la utilice para ayudar a los pobres; al día siguiente conoce a Pedro Maurin

**1933**  Primera edición del periódico *El obrero católico*, publicado el 1 de mayo; inaugura la primera casa de hospitalidad

**1936**  Se establecen las "casas obreras" en muchos lugares del país

**1941-1945** El obrero católico mantiene una actitud pacifista durante la
Segunda Guerra Mundial, por lo que pierde a muchos de sus
simpatizantes

**1955** Mandan a Dorothy a la cárcel por negarse a participar en ejercicios de adiestramiento de la Defensa Civil

**1973** Es encarcelada por protestar por la situación de los agricultores,
siento ésta la última vez que la envían a la cárcel

**1980** Muere el 29 de noviembre

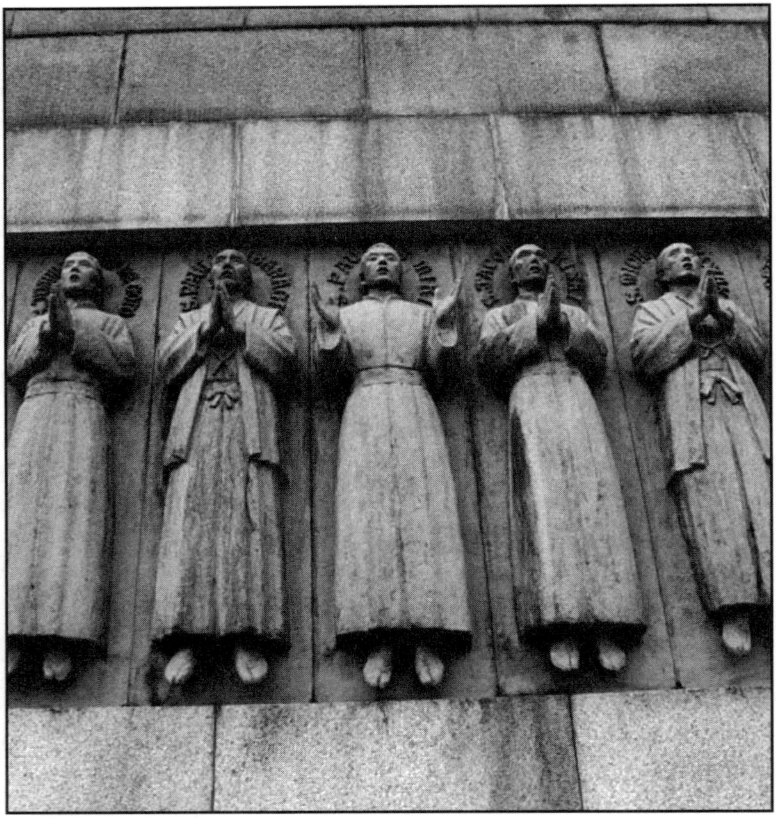

# La noble muerte de un samurai

El martirio de san Pablo Miki

1564 - 1597

San Pablo Miki y sus 25 compañeros fueron martirizados el 5 de febrero de 1597 en Nagasaki, Japón. Su valeroso testimonio cristiano sigue siendo hoy, 400 años más tarde, tan poderoso como aquel día en que llegaron a imitar plenamente a Jesús.

Faltaba poco para concluir el viaje de 600 millas (960 km) desde Kyoto, la entonces ciudad capital del Japón, y Pablo comenzó a ver poco a poco las luces del puerto de Nagasaki. Había pasado casi un mes y pronto recibiría la corona del martirio.

Los pobladores apostados junto al camino se mofaban de él y de los otros 23 que habían sido condenados a morir por su fe cristiana. "¡Necios!" les gritaban, "¡Renuncien a su fe!" Miki, a quien mucho le gustaba predicar, instaba a la gente a creer en Jesús, el Salvador que había muerto por sus pecados para que ellos pudieran vivir. Pero no todos los insultaban. Los creyentes que había entre el público los bendecían, los alentaban y oraban por ellos, animándolos a ser valientes y a continuar el viaje.

Miki pensaba en la paradoja de que él fuera a morir poco antes de su ordenación como sacerdote. A los 33 años de edad, llevaba once como hermano jesuita, estudiando con alegría y asimilando los misterios de la fe. Los fieles lo reconocían como elocuente orador y sus prédicas, llenas de fervor, habían llevado a muchos a la conversión. Con todo, jamás llegaría a celebrar la Santa Misa; nunca podría elevar con sus propias manos la hostia consagrada. Quizá en el cielo tendría ese privilegio.

**Fe que floreció en silencio.** Durante el viaje, a menudo pensaba en su familia. Había nacido y crecido en el distrito de Tsunokuni, cerca de Kyoto, en un barrio agradable; su padre, Miki Handayu, había sido un valiente soldado. El mensaje de un hermano jesuita —san Francisco Javier, que llegó al Japón en 1549— acerca de un bondadoso Dios Trino y Uno, había penetrado en el alma de muchos japoneses. En 1568, cuando Pablo tenía cuatro años, sus padres se habían convertido al cristianismo. Ahora, había cientos de miles de cristianos en el Japón, desde campesinos pobres hasta señores feudales. Miki pensaba en el inmenso amor con que sus padres le habían inculcado la fe. Había estudiado en escuelas jesuitas y jamás dudó de su vocación.

Las semillas plantadas por san Francisco Javier brotaron y florecieron, pero solo bajo la mano autoritaria del gobernante japonés de la época. El jefe militar Oda Nobunaga permitió que los misioneros predicaran, porque deseaba poner en duda la autoridad de los monjes budistas y porque le interesaba promover el comercio exterior. Cuando Nobunaga murió, en 1582, uno de sus generales, Toyotomi Hideyoshi, asumió el poder y al principio toleró el cristianismo.

No obstante, la fe cristiana era una religión de extranjeros, muy distinta del budismo y del sintoísmo autóctono, que honraba a numerosos dioses menores. Japón temía que el Occidente lanzara una campaña de conquista en su contra, de modo que consideraba posible que estos misioneros extranjeros trajeran consigo, no a su Dios, sino a sus soldados. Cuando el cristianismo comenzó a multiplicarse en miles de conversos, Hideyoshi se inquietó sobremanera, y en 1587 emitió un edicto prohibiendo la acción de los jesuitas. Pero el edicto nunca se hizo cumplir a cabalidad, de modo que Miki y sus compañeros continuaron evangelizando sin impedimento durante varios años.

**Bienaventurados los perseguidos.** En el otoño de 1596, un barco español, el San Felipe, que se dirigía de Manila a México, encalló en las costas del Japón y las autoridades japonesas confiscaron la carga del barco. Durante esta faena, los oficiales japoneses escucharon un comentario que, por rabia y frustración, hizo el capitán e interpretaron que los misioneros trataban de ayudar a España a conquistar el Japón. Hideyoshi ordenó el arresto inmediato de varios sacerdotes y laicos misioneros que habían llegado al Japón procedentes de las Filipinas españolas para evangelizar. Hideyoshi estaba totalmente convencido de que una masacre pública y violenta pondría fin a esta religión del Occidente. Miki, a pesar de ser nativo, sería uno de los que serviría de escarmiento.

El día después de la Navidad de 1596, la policía llegó a la residencia de los jesuitas en Osaka, donde Miki y dos de sus hermanos novicios, Juan Soan De Goto y Santiago Kisai, fueron arrestados y trasladados a una cárcel de Kyoto. Allí se reunieron con seis franciscanos y quince miembros de la Orden Tercera de san Francisco.

Una semana más tarde, los 24 detenidos fueron llevados a la plaza pública donde fue pronunciada la condena: muerte por crucifixión. A Miki le saltó el corazón de gozo. ¡Qué inmenso honor imitar al Señor en la cruz! Cada uno debió situarse junto al samurai (soldado japonés del siglo XIX) para que éste le cortara la oreja izquierda. Cuando le llegó el turno a Miki, sintió un intenso dolor en toda la cabeza: ¡Su primera sangre derramada por Cristo!

**El camino de la cruz.** Ya faltaba poco para llegar a Nagasaki y Miki estaba impaciente por ir a reunirse con el Señor. Cada día de sufrimiento sólo aumentaba su ansia de Dios. Las palabras del Salmo 126 resonaban en su mente: Aunque lloren mientras llevan el saco de semilla, volverán cantando de alegría, con manojos de trigo entre los brazos. Quizá su muerte sembraría las semillas de la fe entre sus compatriotas; tal vez su cruz se uniría a la cruz de Cristo para llevar a otros al Padre.

En la última parada en las afueras de Nagasaki, dos sacerdotes jesuitas se unieron al grupo para escuchar confesiones. Miki expresó todo lo que sentía en el corazón. Otros dos prisioneros se unieron al grupo, arrestados por tratar de consolar a las víctimas. En total, los que morirían serían 26.

Entrar a Nagasaki fue como llegar a casa, a la nueva Jerusalén. A medida que la caravana entraba en la ciudad, miles de fieles cristianos se apostaban a lo largo del camino para alentar a los condenados. Nagasaki, gobernada por un señor feudal, el Barón Omura, había llegado a ser una ciudad cristiana, en la que había jesuitas que dirigían escuelas, iglesias y albergues para los pobres, mientras su comercio con los europeos florecía. Si Hideyoshi pensaba que la crucifixión iba a desalentar a los cristianos de aquí, su plan ya estaba dando los resultados opuestos.

La aurora del 5 de febrero —día de la ejecución— disipó la

noche con despiadada luminosidad; los rayos del sol parecían puntas de lanza, como las que pronto atravesarían el corazón de los prisioneros. Miki y los demás fueron llevados al Cerro Nishizaka, última colina que da a la Bahía de Nagasaki. El camino hacia Omura dividía el cerro; un costado del camino estaba sembrado de numerosos restos humanos dispersos, de los criminales comunes que allí habían sido ejecutados; el otro costado estaba cubierto de trigo nuevo, verde. Ciertos portugueses influyentes habían convencido al oficial encargado de las ejecuciones, Terazawa Hazaburo, de que los mártires fueran ejecutados en un terreno más digno que el de los criminales. El trigo serviría de alfombra para sus cruces.

**Samurai fiel.** Sobre el terreno yacían los instrumentos de muerte: 26 cruces, cada una hecha especialmente para cada mártir. Cuando los presos las vieron, prorrumpieron en alabanzas y comenzaron a cantar el Te Deum, himno tradicional de acción de gracias de la Iglesia. Entre los presos había tres niños —Tomás Kozaki y Antonio Deynan, ambos de 13 años, y Luis Ibaraki, de 12— que corrieron antes que los demás, porque deseaban escoger cruces que se ajustaran al tamaño de su cuerpo. Uno por uno, cayendo de rodillas, los mártires abrazaron cada uno su cruz, su propio camino de perfección y su paso al Padre.

Los soldados ataron a las víctimas a las cruces con cintas metálicas y cordeles. La cruz de Miki era demasiado grande para él, de modo que los guardias lo ataron con un paño de lino, pero mientras lo hacían, un soldado se paró sobre su pecho. Un misionero que presenciaba protestó, pero Miki le aseguró: "Déjelo trabajar, padre. En realidad, no duele."

Luego levantaron las 26 cruces y las dejaron caer en los agujeros que habían abierto en el suelo; la hilera se extendía desde la bahía hasta el camino. Los mártires levantaron los ojos al cielo y entonaron el cántico, "Alabad al Señor, vosotros, los hijos de Dios". El eco del "Santo, Santo, Santo" de la Misa resonaba por toda la colina. Finalmente, uno de los presos entonó la letanía "Jesús, María. Jesús, María" y la multitud de cristianos lo siguió. Luego, vinieron los soldados y uno por uno le fueron preguntando a los condenados si querían renunciar a su fe a cambio de su vida; cada uno respondió con un rotundo y sonoro: "¡No!"

Plantada frente a la cruz de Miki estaba la sentencia de muerte dictada por Hideyoshi: "Considerando que estos hombres vinieron de las Filipinas haciéndose pasar por embajadores, y decidieron quedarse en Kyoto predicando la ley cristiana, que yo he prohibido estrictamente durante todos estos años, he decretado que sean ejecutados, junto con los japoneses que han aceptado esa ley." Atado a la cruz, san Pablo Miki presentó su defensa final en la forma de un himno samurai de despedida:

"Yo no vine de las Filipinas; soy japonés de nacimiento y hermano de la Compañía de Jesús. No he cometido delito alguno. La única razón por la que estoy condenado a morir es por haber enseñado el Evangelio de nuestro Señor Jesucristo. Estoy feliz de morir por esa causa y acepto la muerte como un gran regalo de mi Señor. En esta hora crítica, cuando pueden tener la plena seguridad de que no trataré de engañarlos, quiero recalcar y declarar con claridad meridiana que el ser humano no puede encontrar un camino de salvación que no sea el camino cristiano.

"La ley cristiana manda que debemos perdonar a nuestros enemigos o a los que nos han hecho mal. Por lo tanto debo decir ahora que perdono a Hideyoshi y a todos los que participan en mi ejecución. No odio a Hideyoshi y preferiría que él y todos los japoneses se hicieran cristianos."

Los guardias escuchaban con sorpresa y gran admiración. Miki había demostrado que podía seguir siendo un fiel japonés, respetuoso del código de honor de los samurais, y al mismo tiempo dar gloria a Cristo Jesús. Elevando los ojos al cielo, exclamó: "Señor, en tus manos encomiendo mi espíritu. Santos de Dios, vengan a mi encuentro."

**Oh Muerte, ¿dónde está tu aguijón?** Finalmente llegó la hora de la ejecución. Dos guardias samurais se situaron junto a cada cruz. A una orden, según el método japonés de crucifixión, los dos enterraban su lanza en cada costado de la víctima hasta cruzar las lanzas. Se oía un ronco grito ahogado, la sangre brotaba a borbotones y la cabeza de la víctima caía sin vida. Los guardias avanzaban luego a la próxima cruz. Miki esperaba con ansias el momento de ir a encontrarse con el Señor.

A medida que continuaban las ejecuciones, empezó a surgir de la multitud un bramido de rabia contenida. Cuando terminó la macabra tarea, los cristianos presentes rompieron las líneas de los guardias y se abalanzaron sobre las cruces empapándose las ropas de la sangre de los mártires y desgarrando las vestiduras de éstos para guardarlas como reliquias. Terazawa finalmente ordenó a sus guardias que detuvieran la acción y repelieran a la multitud.

Los cuerpos permanecieron en las cruces todo el día; por la noche, el obispo y muchos peregrinos fueron a visitarlos y rezar por cada uno. En la muerte, Miki y sus compañeros mártires continuaron predicando la buena nueva de Cristo: "¿Dónde está, oh muerte, tu victoria? ¿Dónde está, oh muerte, tu aguijón?" (1 Corintios 15,55).

**El legado del "Cerro de la Resurrección".** El padre Francisco Calderón, misionero jesuita, escribió una carta a su superior en la que le decía: "Hace 37 días que fueron crucificados, pero todavía tenemos a la vista . . . esta santa exposición de los cuerpos de los mártires, todavía en sus cruces."

"Puedo decirle, Reverencia", añadía el padre Calderón, "que estas muertes han sido un regalo especial de la Divina Providencia a nuestra Iglesia. Hasta ahora el perseguidor no había llegado al extremo de derramar sangre cristiana. Por lo tanto, nuestra enseñanza había sido muy teórica, sin ofrecer pruebas de lo que significa dar la vida por nuestra fe cristiana. Pero ahora, viendo la realidad de estas notables y extraordinarias muertes, es increíble lo mucho que se han fortalecido nuestros cristianos nuevos, cuánto aliento han recibido para hacer lo propio ellos mismos."

En 1598, Hideyoshi dio autorización para que un representante de las Filipinas reuniera los últimos restos de los mártires y sus cruces. Los cristianos plantaron un árbol en los agujeros en los que habían estado las cruces, y en el centro erigieron una gran cruz. Cada año, muchos peregrinos iban a visitar el Cerro de los Mártires. El plan para exterminar el cristianismo había producido el resultado opuesto. La cruz, aquel horrible instrumento de ejecución, estaba conduciendo a muchos otros al Padre.

La historia de la fe y el valeroso testimonio de los 26 mártires ha sido fielmente guardada y transmitida de generación en generación entre los cristianos. En 1862, estos mártires fueron canonizados por el Papa Pío IX. Hoy, 400 años más tarde, el cerro Nishizaka se encuentra coronado por una iglesia, un museo y un monumento de bronce en homenaje a los primeros 26 mártires y todos aquellos fieles cristianos que vinieron después. El Papa Juan Pablo II visitó el lugar en 1981 y lo denominó "Cerro de la Resurrección". "En este lugar santo", dijo el Sumo Pontífice, "mucha gente de distintas condiciones y estilos de vida demostraron que el amor es más poderoso que la muerte." Citando el pasaje de Juan 12,24, el Santo Padre añadió: "Si el grano de trigo no cae en tierra y muere, se queda él solo; pero si muere, produce muchos otros granos."

En la víspera de su ejecución, el niño Tomás Kozaki, de 13 años, que iba a morir junto a su padre, escribió una carta de despedida a su madre. El testimonio de esta carta, plena de fe simple pero inquebrantable, lleva consigo una fuerza que, como el poder de la cruz, no ha disminuido en nada con el paso de los años:

"Querida Mamá: Papá y yo vamos al cielo. Allí te esperaremos. No te desanimes, aunque maten a todos los sacerdotes. Soporta todo el dolor por nuestro Señor y no te olvides de que ahora te encuentras en el verdadero camino al cielo. No debes colocar a mis hermanos más pequeños en familias paganas. Edúcalos tú misma. Estos son los deseos de un padre y su hijo antes de morir. Adiós, mi querida Madre. Adiós."

# La vida de San Pablo Miki

**1564**  Nace en Tokushima, lugar cercano a Kyoto

**1568**  Sus padres se convierten al cristianismo

**1584**  Ingresa al seminario de los jesuitas en Azuchi

**1586**  Ingresa a la Compañía de Jesús; llega a ser un predicador eficaz y de gran aceptación

**1587**  Hideyoshi, gobernante del Japón, ordena la expulsión de todos los misioneros

**1596**  En el otoño, un barco español encalla en las costas del Japón; Miki se prepara para ser ordenado sacerdote pero es arrestado en la residencia jesuita de Osaka, el 26 de diciembre, junto a dos compañeros

**1597**  El 3 de enero es sentenciado a muerte por crucifixión; comienza la marcha de todo un mes hacia Nagasaki; el 5 de febrero es ejecutado en el Cerro Nishizaka junto a otros 25 cristianos

# ¡No retroceder jamás!

La vida de Carlos de Foucauld

1564 - 1597

Mientras esperaba junto al confesionario en la iglesia de San Agustín aquella mañana de octubre de 1886, el noble de 28 años no se habría imaginado jamás cómo le iba a cambiar la vida. Carlos Eugenio, Vizconde de Foucauld, era conocido en todo París como juerguista que organizaba bulliciosas parrandas y como intrépido explorador. Pero la mayoría de quienes lo conocían no percibían la intensidad con que ansiaba descubrir el sentido de su vida.

Cuando se acercó al párroco de la iglesia para pedir instrucción religiosa, el sacerdote le ordenó que se arrodillara, hiciera una confesión general y recibiera la Comunión. El resultado fue instantáneo; sintió como si una potente luz hubiera disipado años de oscuridad y duda, y el peso de sus pecados se levantó de su alma. Salió de la iglesia transformado en un hombre nuevo.

Lo lógico sería pensar que este nuevo hombre, para poder servir a Dios, tendría que llegar a ser un hombre completamente distinto, con una personalidad totalmente nueva; pero Dios no quería un hombre distinto; quería forjar el carácter y la vida de este mismo hombre. Es cierto que él tenía que rechazar sus pecados; pero su disciplina, entusiasmo y fortaleza de propósito —habiendo pasado por el fuego purificador de la cruz— demostró ser de gran valor para el reino de Dios.

**Un muchacho testarudo.** Carlos de Foucauld nació en 1858 en una familia noble, acomodada y muy unida. A temprana edad experimentó una gran tragedia: al cursar el sexto grado, sus dos padres fallecieron y Carlos con su hermana menor quedaron a cargo de su bondadoso abuelo. La religiosidad que conoció en su familia era más bien externa, y él era un muchacho testarudo que generalmente se salía con la suya. En realidad, su querida prima, María de Bondy, fue la que influyó más en su vida espiritual. Ella siempre lo alentaba a leer libros espirituales; él veía el ejemplo de ella, pero nunca se impresionó con la religión y terminó por alejarse de la Iglesia durante su adolescencia, después que su prima se casó y se trasladó a otra ciudad.

La fuerte tradición militar de la familia llevó a Carlos a estudiar en la academia militar Saint-Cyr en 1876, donde llegó a ser célebre, no por su excelencia académica ni por su destreza física, sino por sus parrandas, su afición a las mujeres y el exceso con que gastaba el dinero. A sus compañeros cadetes les encantaba la compañía del alegre comilón, principalmente por la abundancia con que hacía correr el vino y los manjares, conducta que gradualmente fue haciendo desaparecer la herencia que su abuelo le había dejado.

Con el tiempo, los festines, cada vez más grandes y frecuentes, empezaron a hastiar al joven oficial. Incluso se atrevió a hacerse acompañar por su amante al ir de campaña al norte del África y tratar de pasarla por su esposa, pero ni siquiera esto pudo llenarle el vacío interior. Lo descubrieron, pero el disgusto que causó por causa de ella no se disipó con tanta rapidez como su entusiasmo; de hecho cuando su coronel le puso un ultimátum, de Foucauld se negó a abandonar a la mujer y lo pasaron a la reserva.

**¡No retroceder jamás!** El atractivo del África ya había penetrado en su alma y cuando se enteró, dos meses más tarde, que su antiguo regimiento sería enviado al frente de batalla en Argel, inmediatamente pidió reincorporarse al servicio activo, petición que fue aceptada. La experiencia de combate endureció a Carlos, pero al mismo tiempo el ejemplo del fervor religioso de los musulmanes le despertó el interés por las cosas espirituales. Su obstinación permanecía intacta, así como su fidelidad al lema familiar, *Jamais arrière!* (¡No retroceder jamás!); por eso, cuando le negaron el permiso para unirse a una expedición que cruzaría Algeria, renunció a las armas y se embarcó en una expedición propia hacia Marruecos.

Con su característica determinación, de Foucauld aprendió árabe, hebreo (se hacía pasar por rabino judío, ya que el cristianismo era prohibido en Marruecos) y cartografía. Recortando su gasto mensual de 4.000 francos a 350, emprendió la marcha. El resultado de su intrépida travesía fue un aumento geométrico del conocimiento topográfico, geográfico y cultural sobre Marruecos; además le mereció ganar la Medalla de Oro de la Sociedad Geográfica de París en 1885. Pero lo más importante de todo fue que, en este viaje, Carlos sentó las bases de su regreso a Dios.

Habiendo desistido ya de la idea de que la religión era nada más que para la gente irracional y frágil, de Foucauld empezó a buscar la verdad. Se había impresionado mucho al ver la devoción de judíos y musulmanes en Marruecos, que oraban incluso en medio de la batalla; pero él mismo siendo fruto de la "era del razonamiento" en Francia, no podía asimilar los misterios "ilógicos" del cristianismo, como por ejemplo el de la Santísima Trinidad.

Sus conflictos internos se atenuaron en los meses posteriores por la influencia de su cálido círculo familiar en París. En las elegantes veladas de su Tía Inés conoció a muchos católicos respetables y sinceros, entre los que se contaba el Reverendo Padre Huvelin, Abad de la iglesia de San Agustín y director espiritual de su prima María. La fortaleza de carácter y el intelecto del Abad fueron capaces de satisfacer las objeciones racionalistas de Carlos, y la compasión que vio en el religioso le llegaron al corazón. Así fue como empezó a visitar iglesias en las que oraba diciendo, "Oh Dios, si existes, muéstrame tu existencia."

**"No podía hacer nada más"**. Celoso de la fe de su prima María, e inspirado pero inhibido por el Islam, Carlos recurrió a la religión de su niñez. Pensaba que si aprendía más acerca de la doctrina cristiana podría saciar sus anhelos espirituales. Un día en octubre le pidió al Abad Huvelin que le enseñara la religión; pero en lugar de eso, el sacerdote le exigió que se confesara primero y esto lo llevó a lo único que podía satisfacer sus anhelos más profundos: la cruz de Cristo. La instrucción por sí sola jamás lo habría transformado ni habría encontrado reposo para su corazón. La clave era confesar y rechazar sus pecados, aceptar el perdón y dejar que Jesús le llenara su alma recibiéndolo en la Sagrada Eucaristía. La descarriada vida agnóstica jamás volvería a ser la misma. Como más tarde él mismo admitiera, "una vez que supe realmente que había un Dios, no podía hacer nada más que vivir para Él."

Deseoso de entregarse por completo a Dios, Carlos quiso hacerse monje y escogió la orden de los trapenses, por la pobreza con que éstos viven imitando la vida oculta de Jesús en Nazaret, y entró al monasterio francés más pobre que ellos tienen en Nuestra Señora de las Nieves. Más tarde, se trasladó al monasterio más austero aún de Nuestra Señora del Sagrado Corazón, en Siria. Pero hasta la regla de los trapenses le pareció demasiado lujosa. Su naturaleza decidida, ahora purificada, lo llevó a vaciarse completamente, al punto de que anhelaba fundar una orden de monjes que imitaran a Jesús viviendo en una pobreza total y centrando su vida espiritual en la adoración de la Sagrada Eucaristía.

En 1896 dejó a los trapenses. Los tres años siguientes los pasó en Tierra Santa viviendo como ermitaño, en la pobreza y la contemplación, trabajando como jardinero en un convento de las Clarisas Pobres, "exactamente el tipo de vida que había estado buscando". Pero su apreciado aislamiento no iba a continuar por mucho tiempo. Decidió estudiar para el sacerdocio y fue ordenado en 1901. Entonces empezó su verdadera carrera.

De Foucauld no se contentaba con quedarse en una parroquia rural de Francia; lo que quería era ir donde había más necesidad: el África. Es fácil darse cuenta que Dios utilizó el propio carácter de Carlos para prepararlo para esta misión. Tras los excesos de su juventud, ahora reemplazados por la devoción a Cristo, el amor a la Eucaristía y una sed insaciable de ganar almas, ahora finalmente podían florecer sus cualidades naturales para el reino de Dios. No había dejado de ser testarudo ni intrépido, pero la vida en el desierto no lo intimidaba. Finalmente, su formación militar y geográfica le dieron fuerzas para confrontar confiadamente el engañoso terreno y la imprevisible conducta de los habitantes del desierto.

**En el corazón del Sahara.** El primer lugar que escogió de Foucauld fue la guarnición francesa de Beni-Abbés al borde del Sahara, en la zona sur de Algeria, donde vivió de 1901 a 1905. A su prima María le contaba cuál era su propósito: "Quiero que todos aquí, cristianos, musulmanes, judíos y paganos, me consideren hermano suyo." Por lo tanto se hacía llamar "Hermano Carlos de Jesús". Además de su riguroso horario de oración, el Hermano Carlos administraba los sacramentos a los hombres de la guarnición. Pronto, sin embargo, el trabajo con los nativos del lugar le ocupó todo el tiempo. Atendía a los enfermos, ofrecía hospitalidad y alimento a todos los que llegaran de visita —tenía de 60 a 100 visitantes al día— y ahorraba el poco dinero que tenía, o que podía reunir pidiendo limosna, para comprar la libertad de los esclavos.

Cuando un antiguo camarada de Saint-Cyr, ahora general francés, le ofreció la oportunidad de acompañarlo al interior del desierto, a la tierra de los tuareg, aceptó feliz. Durante los dos años siguientes cruzó el desierto de un lado al otro, visitando a los beduinos, aprendiendo su idioma y traduciendo los evangelios para ellos. El resuelto explorador de Marruecos había llegado a ser un testigo de Cristo más dinámico y decidido aún.

Finalmente, se estableció en la localidad llamada Tamanrasset, donde vivió once años. Allí comentaba su visión evangelizadora: "Tengo que ganarme la confianza de los tuareg, hacerme amigo de ellos, prestarles pequeños servicios y darles consejos útiles, alentándolos con mucho tacto a seguir la religión natural, demostrándoles que los cristianos los amamos. Esto es todo lo que se puede hacer por la mayoría de los que viven aquí . . . o en cualquier parte." Aprendió y tradujo el folklore de los beduinos; les daba alimento, suministros médicos y agujas para coser; y los alentaba a aprender a cultivar la tierra. Su hogar no tardó en transformarse en un centro de amor, y a él lo conocían como marabout (hombre de Dios) cristiano.

**"Vive como si hoy fueras a ser mártir".** La situación política en el Sahara siempre había sido más o menos inestable, pero al estallar la Primera Guerra Mundial, las batallas en el desierto empeoraron. Los alemanes y los turcos usaron su influencia para incitar a los pueblos nómadas a levantarse contra los franceses. Viendo, pues, el peligro que representaban las tribus belicosas, el Hermano Carlos construyó una especie de fortificación para vivir y llevar a cabo sus servicios religiosos, de tamaño suficiente para albergar a los habitantes de Tamanrasset en caso de ataque. No le tenía miedo a la muerte —en su cuaderno había escrito las palabras, "Vive como si hoy fueras a ser mártir"— pero quería proteger a sus "feligreses".

El 1 de diciembre de 1916, el Hermano Carlos del Sagrado Corazón de Jesús escuchó golpes en la puerta de su casa y fue a abrir. Esperando ver al cartero, se encontró con pistoleros beduinos senusi, que lo arrastraron al patio y le apuntaron a la cabeza con un rifle mientras él se arrodillaba para orar. Poco después, cuando se movió tratando de avisar del peligro a dos soldados franceses que se acercaban, uno de los pistoleros apretó el gatillo y el hermano Carlos entregó su vida.

Lo que más lo había entristecido durante su vida fue la falta de hermanos que siguieran su ejemplo; pero después de su muerte, han surgido en el mundo al menos ocho órdenes religiosas y fraternidades seculares que tratan de seguir su ideal de adoración eucarística, servicio a los pobres y vida según el evangelio del amor. Al final, en su muerte, Carlos de Foucauld cumplió su pasaje bíblico preferido: "Si un grano de trigo no cae en la tierra y muere, sigue siendo un solo grano; pero si muere, da abundante cosecha" (Juan 12,24).

# La vida de Carlos de Foucauld

**1858**  Nace el 15 de septiembre en Estrasburgo, en una familia acaudalada y muy unida

**1864**  Mueren los dos padres de Carlos; él y su hermana menor quedan
al cuidado de sus abuelos

**1876**  Carlos asiste a la academia militar de Saint Cyr, donde pierde
la fe

**1881**  Sirve en el ejército francés como oficial en Argelia

**1883**  Se embarca en una expedición geográfica por regiones inexplora-
das de Marruecos

**1885**  Es premiado con la medalla de oro de la Sociedad Geográfica de
París por su trabajo en Marruecos

**1886**  En octubre experimenta la conversión en París cuando se confiesa
con el Padre Huvelin, director espiritual de su primo

**1890**  El 15 de enero ingresa a un monasterio trapense en Francia; en
junio se traslada al monasterio trapense de Siria

**1896**  Decide abandonar a los trapenses y pasa tres años como ermitaño
en la Tierra Santa; trabaja de jardinero en un convento de clarisas
pobres en Nazaret

**1901**  Ordenado al sacerdocio el 9 de junio; llega a Argelia, donde vive
como monje en Beni-Abbé, en la frontera con Marruecos

**1905**  Viaja al interior del desierto del Sahara hasta Tamanrasset, donde
se queda a vivir con los beduinos nativos del lugar, los tuareg

**1916**  El 1 de diciembre, una banda de pistoleros musulmanes asesina
al Hermano Carlos

# El Peregrino celestial

San Francisco Javier

1506 - 1552

El Santiago llevaba 40 días varado bajo los ardientes rayos de un sol implacable, sin una sola brisa que hinchara sus velas para poder continuar la travesía alrededor del Cabo de Buena Esperanza, y proseguir luego rumbo a la India. Los víveres comenzaban a descomponerse, escaseaba el agua y muchos de los pasajeros ya lo daban todo por perdido.

Pero entre los descorazonados había un hombre de gran esperanza, el Padre Francisco de Jassu y Javier, que se dirigía a la India a cosechar almas para el cielo. Con su sotana hecha jirones, el sacerdote atendía incansablemente a los enfermos de a bordo. Francisco contaba más tarde que las tribulaciones de ese viaje, que duró todo un año, fueron tantas que "ni por todo el mundo volvería a enfrentarlas ni por un solo día". Pero todos encontraban consuelo —y a Cristo— en su afable sonrisa y en la bondad con que los atendía.

Francisco, vasco noble de gran educación, probablemente jamás se imaginó que un día emprendería un viaje tan peligroso hacia el otro lado del mundo en un barco lleno de buscadores de fortuna. Nació en 1506 en Navarra y fue el menor de seis hermanos. A los 19 años, teniendo gran potencial de erudición y atletismo, se fue a estudiar a la Universidad de París. La guerra había mermado las finanzas de su familia, de modo que en París vivió al borde de la pobreza; allí compartía la habitación con un ex oficial del ejército vasco, Ignacio de Loyola. Éste, habiendo sufrido una grave herida en la pierna, había experimentado una profunda conversión.

Francisco era alto y de contextura atlética, buen mozo y muy emprendedor, totalmente distinto de su compañero de pieza. En realidad miraba con desdén a Ignacio, que era 15 años mayor. "Casi no podía mirarlo sin burlarse de sus planes", comentaba más tarde Juan de Polanco, otro jesuita compañero de Francisco. Pero Ignacio permanecía impasible; en realidad, buscaba nuevos alumnos para las conferencias de Francisco, le prestaba dinero cuando éste lo necesitaba, lo felicitaba y lo alentaba.

Un día en que Francisco le contaba los planes que tenía para emprender una gran carrera en la Iglesia —le habían ofrecido una canonjía (ocupación sencilla y bien pagada) en la Catedral de Pamplona—, Ignacio le preguntó: "¿Y de qué le sirve al hombre ganar todo el mundo si pierde su propia alma?" Esta fue la pregunta que transformó a Francisco para el resto de su vida. El 15 de agosto de 1534, fiesta de la Asunción, Ignacio, Francisco y otros cinco entraron en una capilla de Montmartre, cerca de París, y allí se comprometieron a ir a Jerusalén y renunciar a sus respectivas familias y a todos los bienes mundanos. Los Ejercicios Espirituales escritos por Ignacio —que luego serían usados por incontables creyentes en los siglos venideros— los habían llevado a un rompimiento radical con el mundo, y a dedicar todas sus energías, todos sus talentos y todo su amor a Cristo. Su trabajo fue la chispa que encendió un fuego de reforma en toda la Iglesia.

Un año más tarde, Ignacio viajó a España y visitó el hogar del hermano de Francisco, llevando una carta de presentación en la que éste expresaba su gran respeto y afecto por su amigo y guía espiritual: "Te doy mi palabra de honor de que jamás en toda mi vida podré pagarle la deuda que tengo con él [Ignacio]. Una y otra vez, tanto con su bolsa como por medio de sus amigos, me ha ayudado con mis necesidades, y gracias a él también me he retirado de las malas amistades . . . Te ruego que lo recibas como si fuera yo mismo . . . Él, mejor que nadie, te puede contar de las necesidades y dificultades que he pasado, porque él las conoce mejor que nadie."

En 1536, Francisco se fue de París a Italia junto a otros ocho de los que se habían comprometido en Montmartre. Cuando vieron que era imposible llegar a Jerusalén, decidieron ponerse al servicio del Sumo Pontífice como grupo, adoptando el título de "Compañía de Jesús"; allí fueron ordenados sacerdotes. Alojaban en hospitales cercanos, en los que atendían a los enfermos y predicaban por las calles en mal italiano. Ignacio enseñó sus Ejercicios a otros y la influencia del grupo comenzó a crecer.

Dos hombres de la Compañía debían viajar a Portugal a fin de prepararse para el trabajo misionero en los territorios portugueses de la India. Cuando uno de éstos cayó enfermo, Ignacio le pidió a Francisco, su secretario personal, que lo reemplazara. "¡Excelente!" respondió éste sin la menor vacilación. "Estoy listo." La separación, empero, fue un sacrificio para ambos. Más tarde, Francisco le escribía a Ignacio: "Creo que en esta vida no podremos vernos sino por carta. Vernos cara a cara y abrazarnos . . . ¡eso será para la otra vida!"

**Cabo Comorín, extremo sur de la India, 1542.** Francisco llegó a la ciudad de Goa, India, en la primavera de 1542. Su prestigio y su fama crecieron rápidamente. Los penitentes formaban largas filas delante de su confesionario, y enormes gentíos venían a escuchar sus sermones. Francisco solía trabar amistad con personas que obviamente vivían en pecado y se invitaba a cenar a sus casas; allí conversaba con facilidad y conocimiento de muchos y variados temas, para luego exhortar a sus anfitriones y demás invitados a reflexionar sobre el estado de su propia vida espiritual. Mucha gente de Goa comenzó a llamarle "el Peregrino celestial" o "el Santo".

En septiembre de 1542, el gobernador colonial envió a Francisco al Cabo Comorín, lugar de tierras desérticas constantemente azotadas por el viento, situado a 600 millas de Goa, donde los lugareños se ganaban la vida extrayendo perlas. Usando un método que luego emplearía en otras tierras, Francisco buscó algunos nativos que entendían un poquito de portugués y con su ayuda logró escribir los principios básicos de un catecismo en el idioma del lugar. Dos veces al día reunía a la gente y les enseñaba. Había días en que Francisco bautizaba a tanta gente que se le dormían las manos y perdía la voz. Por carta le rogaba a Ignacio que le enviara más misioneros.

Sin embargo, pese a los éxitos logrados, Francisco vio que se destruía gran parte de su obra. Una vez, hombres de tribus cercanas saquearon violentamente las comunidades cristianas que había estado construyendo y casi las destrozaron. La gente era continuamente explotada por los portugueses, una de las razones por las cuales muchos nativos rechazaban el cristianismo.

**Islas de las Especias, 1546 a 1547.** En 1545, exhausto y necesitado de un tiempo de profunda oración para discernir sus próximos pasos, Francisco se fue a la antigua ciudad de Mylapore, en la costa oriental de la India. Tras cuatro meses de intensa oración, decidió encomendar su trabajo a varios compañeros jesuitas y partir hacia las "Islas de las Especias", en Malasia, para llevarles la fe. Desde principios de 1546 hasta 1547 trabajó, muchas veces completamente solo, entre los nativos isleños, atravesando espesas selvas y llegando incluso a lugares de los que se decía que sus habitantes eran caníbales.

En Málaca, Francisco conoció a Anjiro, soldado "samurai" japonés que, habiendo oído hablar del santo sacerdote, venía a buscarlo. Por su parte, Francisco quedó fascinado por lo que Anjiro le contaba de su patria, que apenas había abierto sus puertas al mundo occidental hacía pocos años. Francisco quedó encantado con esta nueva tierra de gran cultura y refinación, no contaminada todavía por la corrupción europea.

**Japón, 1549 a 1551.** Francisco arribó al extremo sur del Japón en la fiesta de la Asunción de 1549, junto con Anjiro y dos jesuitas españoles. El gobernante local (daimyo) les dio permiso para predicar en su territorio, pero la cosecha fue pequeña. Los sacerdotes budistas hacían muchas preguntas, y pocos se dejaron persuadir por la recitación que hacía Francisco, en japonés, de las verdades básicas de la fe.

En el otoño de 1550, Francisco y sus amigos fueron autorizados para ir a Kyoto, la antigua capital japonesa, para entrevistarse con el Emperador. Posteriormente, uno de los sacerdotes españoles, que permaneció con algunos cristianos recién bautizados, describió el viaje de los misioneros en una carta:

"Partieron de aquí justo cuando el yamassee —viento de las

montañas orientales— empezaba a soplar y cuando ya se veían las primeras escarchas y nieves de estas frías tierras. ¡Pero ya conocemos al Padre Francisco! Tal es el fuego del amor de Dios que hay en él que no hay nieve ni escarcha, ni miedos ni peligros que le impidan propagar el Evangelio . . . La nieve honda pronto les rompía las sandalias a los caminantes, de modo que sus pies heridos iban dejando una huella sangrienta en la nieve. Multitudes de niños y un ruidoso gentío los seguía remedando su modo de hablar, insultándolos, arrojándoles piedras y gritándoles obscenidades. Pero a pesar de todo esto, jamás dejaron de predicar ni de confesar nuestra santa fe."

El pesaroso viaje a Kyoto terminó en decepción. El Emperador no tenía autoridad alguna; eran los *daimyos* de cada lugar los que decidían si autorizaban o no la propagación de la fe. Francisco se dio cuenta de que sus vestimentas raídas y su vida sencilla eran un obstáculo para su trabajo misionero en Japón, de modo que se puso ropas nuevas y fue a visitar al *daimyo* Yamaguchi; para impresionarlo le llevó regalos costosos comprados a mercaderes portugueses. Una fila constante de conversos vinieron a verlos y pronto hubo 500 nuevos bautizados.

A fines del verano de 1551, Francisco se enteró de que su presencia era urgentemente reclamada en la India, de modo que partió de regreso. En la travesía, una barca pequeña que llevaba a algunos de los hombres desapareció en medio del violento oleaje. Francisco fue a su cabina y oró por el regreso de los náufragos. Al anochecer volvió a aparecer la barca y los hombres dijeron que de seguro habrían perecido si el Padre Francisco no hubiera venido a rescatarlos a tiempo. Como resultado de este incidente, dos musulmanes que iban en la barca se convirtieron y fueron bautizados.

**Desembocadura del río Cantón, 1552.** El barco atracó en una isla situada unas seis millas de la costa de China, donde un capitán de barco hablaba de las maravillas de ese país. El capitán se había aventurado furtivamente tierra adentro, práctica que era prohibida para los extranjeros y castigada con tortura y muerte. Francisco sabía que Japón imitaba a China en todo, de modo que si este país aceptaba la fe, era seguro que Japón haría lo mismo. La idea fraguó. Francisco buscaría el modo, por peligroso que fuera, de llevar la Buena Noticia a la China.

En su viaje a China, el misionero esperaba contar con la compañía de su amigo, el mercader portugués Diego Pereira, que iba a asumir el cargo de Embajador portugués en China. Pero el plan nunca llegó a concretarse. Francisco y un muchacho chino de Goa se pusieron de acuerdo con un comerciante chino para que los introdujera de contrabando en el país, pero este proyecto también fracasó.

El 21 de noviembre de 1552, Francisco cayó enfermo con fiebre. Durante diez días fue sintiéndose cada vez más débil y pronto empezó a delirar en su lengua vasca nativa, mencionando con frecuencia el nombre de Jesús. Amanecía el 2 de diciembre y el intrépido misionero de Cristo aspiró por última vez en una pequeña choza azotada por las ráfagas de viento que solían desolar la isla casi desierta. Fue la muerte final en una vida llena de actos cotidianos de morir a sí mismo. El propio Francisco había comentado años antes: "¡No hay felicidad igual a la de morir un poco cada día, de romper nuestra voluntad para buscar y encontrar, no lo que es nuestro, sino lo que es de Cristo."

Francisco nunca llegó a leer una carta en la que Ignacio lo llamaba a regresar a Europa. Como él mismo lo había predicho, jamás volverían a verse los dos en esta vida. Pero en 1622, la Igle-

sia les rindió el debido homenaje: ese día, ambos fueron declara-
dos santos.

# La vida de San Francisco Javier

**1506** Nace en Navarra, el menor de los seis hijos de una noble familia vasca

**1512-1525** El padre y los hermanos de Francisco van a la guerra contra España a fin de mantener la independencia de Navarra

**1525** Se va a estudiar a la Universidad de París

**1527** Conoce a Ignacio de Loyola

**1532** Obtiene una Licenciatura en Artes y se hace catedrático

**1534** Se consagra al servicio de Dios en Montmartre, el 15 de agosto, junto a Ignacio y a otros cinco hombres

**1536** Parte de París con destino a Italia

**1537** Es ordenado sacerdote en junio

**1540** Parte de Italia rumbo a Portugal, y se prepara para su viaje a la India

**1541** Se embarca hacia la India el 17 de abril

**1542** Llega a Goa tras una travesía de todo un año

**1542** Llega a Cabo de Comorín para trabajar con los pescadores de perlas

**1546-1547** Emprende viajes misioneros por las Islas de las Especias (hoy Sri Lanka) en Malasia; conoce al fugitivo Anjiro en Malaca

**1549-1551** Consigue los primeros conversos al cristianismo en el Japón

**1552** Llega a Sancián, isla desierta cercana a la costa de China; muere de fiebre el 2 de diciembre

# La inocencia de la fe

Santa Bernardita Soubirous

1844 - 1879

La moderna tendencia a idolatrar la inteligencia humana – en perjuicio de lo espiritual – se había difundido bastante ya a mediados del siglo XIX en Europa. El racionalismo había echado raíces profundas entre la élite de los eruditos, muchos de los cuales consideraban que la Iglesia y sus creencias eran reliquias del pasado. Para ellos, la religión era cosa del pueblo, de los pobres e ignorantes que, a su juicio, eran incapaces de comprender conceptos superiores.

De súbito, en medio de esa época tan secular, surgió el destello de lo sobrenatural: La Virgen María, Madre de Jesús, se apareció a una jovencita campesina, pobre y analfabeta, de 14 años de edad, en un pueblito francés cercano a los Pirineos. Si bien Bernardita Soubirous fue la única que vio a la Virgen, sus visiones dieron lugar a la renovación de la fe de todo el pueblo francés y del catolicismo en todo el mundo.

Los acontecimientos ocurridos en Lourdes echaban por tierra la noción de que no existe realidad alguna que no sea la terrenal. Cuando el ser humano comenzaba a exaltarse a sí mismo por encima del Altísimo, el Señor actuó por medio de una niña sencilla para demostrar su deseo de bendecir a todos con su misericordia. El testimonio que escogió el Señor fue muy eficaz: la humildad y la completa sencillez de Bernardita desarmaron por completo a los escépticos. En cada caso, las barreras de resistencia e incredulidad que muchos levantaron frente a la joven vidente se desmoronaron estrepitosamente.

Bernardita fue la primogénita de Francisco y Luisa Soubirous, que trabajaban administrando un molino hasta que los aprietos económicos terminaron por llevarlos a la ruina. Para la época en que Bernardita tenía 14 años, toda la familia –que ahora contaba cuatro hijos– vivía en un solo cuarto, frío y oscuro, que una vez había sido parte de una cárcel. Los pocos trabajos temporales que los padres lograban conseguir apenas bastaban para dar de comer a la familia. Bernardita sólo podía ir a la escuela esporádicamente y ni siquiera asistió a suficientes clases de catecismo para hacer su Primera Comunión. El asma había hecho presa de toda la familia y Bernardita tenía que pasar gran parte del tiempo cuidando a sus hermanos menores. Pero esta fue la persona que el Señor escogió para llevar a cabo su obra.

**La primera visión.** El jueves 11 de febrero de 1858, Bernardita salió acompañada de su hermana y una amiga a buscar leña. Las otras dos niñas se adelantaron corriendo hacia Massabieille, en las afueras de Lourdes, y atravesaron el pequeño arroyo de frías aguas. Cuando Bernardita llegó al borde, se sentó para quitarse los zapatos antes de cruzar el riachuelo, pero de pronto escuchó ruido en los árboles cerca de una gruta. Miró, pero no vio nada. Nuevamente el ruido llegó a sus oídos. Esta vez, al mirar, vio a una hermosa señora, ataviada con un velo y una túnica blanca, ceñida la cintura con un lazo celeste. En el brazo tenía un gran rosario y en cada pie, que llevaba descalzos, tenía una rosa amarilla. Instintivamente, Bernardita sacó el rosario que siempre llevaba en el bolsillo y comenzó a rezar, viendo que la señora movía las cuentas de su propio rosario con los dedos. Luego la visión desapareció.

Los padres de la niña eran religiosos, pero la noticia los llenó de miedo y le prohibieron a Bernardita que volviera a la gruta; pero ella se sentía arrastrada a Massabieille "por una fuerza irresistible", como explicaría más tarde. Varios días después, regresó al lugar con unas amigas y nuevamente entró en éxtasis al ver a la misma dama. Durante una tercera aparición, Bernardita le pidió a la señora que le escribiera su nombre, a lo que la dama sólo sonrió y le preguntó a la niña: "¿Me harías el favor de venir nuevamente aquí durante dos semanas?" Luego añadió: "No te prometo hacerte feliz en este mundo, sino en el próximo."

Quince días estuvo Bernardita acudiendo diariamente a la gruta y vio a la señora todos los días, salvo en dos ocasiones. Varias veces subía de rodillas la pendiente hacia la gruta y sollozaba, explicando más tarde que lo hacía en penitencia por los pecadores. Durante este tiempo, la dama de la visión le dio a conocer tres secretos a Bernardita y le enseñó una oración para que la rezara todos los días. Bernardita jamás reveló a nadie cuáles eran los secretos ni qué oración rezaba.

Al propagarse la noticia de las apariciones, multitudes de curiosos comenzaron a reunirse, atraídos por una sensación palpable de que algo divino ocurría allí. Los incrédulos no escaseaban, claro está, entre los que se contaban algunas autoridades civiles, que temían que se produjeran disturbios entre la población. Cuando obligaron a Bernardita a presentarse al jefe de policía, éste la interrogó con gran severidad acerca de sus visiones. Cuando la amenazó con meterla a la cárcel, ella le replicó sere namente: "Señor, usted puede hacer lo que mejor le parezca."

**El manantial.** El jueves 25 de febrero, la gente creyó que Bernardita se había vuelto loca. Vieron que buscaba algo, primero en la gruta y luego acercándose al río Gave. La señora le había dicho que se lavara en el agua del manantial, pero ella no veía ningún manantial. Más tarde, Bernardita explicaba: "Con el dedo me señaló el (lugar del) manantial. Cuando me acerqué, no vi más que barro y agua turbia. Traté de sacar un poco con la mano, pero no pude, de manera que empecé a escarbar hasta que salió agua, pero era muy barrosa. Tres veces la saqué y a la cuarta pude beber algo." Al día siguiente, en el lugar del que Bernardita había sacado lodo para untarse la cara, la gente encontró un manantial del que brotaba agua cristalina.

La dama de la aparición tenía una misión concreta para Bernardita. Le encomendó que pidiera a los sacerdotes que construyeran una capilla en Massabieille y que permitieran que los fieles acudieran a la gruta en procesión. Obediente a las instrucciones, Bernardita visitó al cura párroco de Lourdes, el abad Domingo Peyramale. Cuando le informó de lo que pedía la señora, el abad exclamó: "¿Qué? ¿Una señora que se encarama en una roca? ¿Una señora que ni siquiera conoces? ¿Una señora que quizá es tan lunática como tú?" Y le dijo que, por lo menos, tenía que descubrir cómo se llamaba la señora.

El sacerdote quería "esperar a ver qué sucede", pero esta actitud no logró disuadir el creciente fervor popular que despertaban las apariciones. El 4 de marzo, día en que se cumplían las dos semanas, unas 20.000 personas acudieron al lugar y la policía se hizo presente a fin de vigilar a la multitud por el camino.

**La Inmaculada Concepción.** Durante dos semanas, Bernardita no sintió impulso de ir a la gruta. Pero el 25 de marzo, Fiesta de la Anunciación, sintió un fuerte deseo de regresar al lugar. Esta vez, iba resuelta a enterarse del nombre de la señora. Dos veces le preguntó Bernardita, pero la dama sólo sonreía. Al tercer intento, viendo que la niña persistía, le respondió: "Soy la Inmaculada Concepción." Durante todo el trayecto de regreso al pueblo, Bernardita fue repitiendo para sí estas palabras para que no se le olvidaran. No tenía idea de lo que significaban, pero hacía ya tres años que el Papa Pío IX había definido este término como artículo de fe: La Virgen María fue, desde el primer instante de su concepción, preservada de la mancha del pecado original.

Las autoridades civiles, decididas a poner punto final a todo este asunto, se confabularon para lograr que Bernardita fuera hospitalizada. Sin embargo, los tres médicos que la examinaron dictaminaron que la niña no tenía desorden mental alguno; por el contrario, encontraron que era agradable e inteligente. En vista de que la ciencia no podía aceptar una explicación sobrenatural, las autoridades decidieron afirmar que seguramente las visiones eran causadas por una "lesión cerebral". Para esa fecha, el abad Peyramale había llegado a creer en las apariciones que Bernardita decía tener. La prueba estaba en la fe del pueblo, que se agolpaba a las puertas de su iglesia para pedir los sacramentos. Por eso le advirtió al alcalde que no fuera a tocarle un cabello a la niña.

Bernardita vio a la Virgen María en otras dos ocasiones, la última de las cuales fue el 16 de julio, fiesta de Nuestra Señora del Carmen, tras lo cual cesaron las apariciones. Cuatro años más tarde, una comisión nombrada por el obispo declaró que era cierto que la Madre de Dios se había aparecido a la joven, y se dio inicio a la construcción de una capilla. Desde entonces empezaron las procesiones regulares, en las que miles de peregrinos llegaban al manantial milagroso buscando curaciones espirituales y físicas. Al parecer, Bernardita había cumplido su misión.

Durante toda esta odisea, Bernardita permaneció humilde y sencilla. El constante desfile de gente era sin duda sumamente cansador, pero Bernardita contestaba con mucha paciencia todas las preguntas que le hacían. Ella y su familia se negaban a aceptar el dinero y los regalos que muchas personas ofrecían darles. Cuando Bernardita supo que estaban vendiendo fotografías suyas por diez centavos, comentó: "Eso es más de lo que yo valgo."

Pronto llegó la hora en que Bernardita tenía que decidir qué iba a hacer con el resto de su vida. El abad Peyramale hizo gestiones para que la aceptaran como pupila en una escuela de Lourdes administrada por las Hermanas de Nevers, comunidad diocesana a la cual —pese a la precaria salud de la joven— el obispo del lugar finalmente la invitó a entrar. Aun cuando la despedida de sus familiares y amistades fue sumamente difícil y dolorosa, Bernardita sintió un gran entusiasmo y alegría ante la perspectiva de llevar una vida de quietud y oración. A los 22 años de edad, viajó a la casa matriz de la comunidad, situada en Nevers, para iniciar su noviciado.

**La vida religiosa.** Seguramente, cuando el dolor y la zozobra de sus constantes enfermedades le quitaban a Bernardita su natural alegría, la profecía de la Virgen debe haber resonado constantemente en su mente. Pero lo que jamás se le ocurrió pensar que experimentaría fue el cruel trato de sus superioras religiosas, que ya habían decidido que ella necesitaba duras represiones y la frialdad de la indiferencia a fin de impedirle caer en el orgullo espiritual.

Al parecer, a la superiora de las novicias, la Madre María Teresa Vauzou, le molestaba bastante el hecho de que el Señor hubiera escogido como instrumento a una humilde pastorcita. Posiblemente esperaba que Bernardita divulgara los secretos que la Virgen le había revelado, pero la joven seguía guardando con mucho celo lo que sabía, cosa que probablemente irritaba más aún a la superiora. Constantemente le decían a Bernardita que ella "no servía para nada".

Después de haber hecho sus votos, Bernardita fue asignada a la enfermería, donde pasó cinco años atendiendo a sus hermanos enfermos, hasta que su propia salud se quebrantó tanto que ella misma pasó a ser una paciente más. Otra cosa que debía soportar era la constante fila de personas que querían visitarla. El obispo había prometido que sólo unos pocos podrían acudir a verla, pero el gentío que llegaba era bastante mayor del que bastaba para poner a prueba la paciencia de Bernardita.

A medida que le aumentaba el sufrimiento corporal, especialmente a causa de un doloroso tumor que se le produjo en la rodilla que le impedía caminar, Bernardita se preocupaba porque pensaba que no había aprovechado bien las gracias que había recibido en su vida. Aparentemente pasaba por un período de sequedad espiritual. En una carta enviada a su prima en 1875, le decía: "Por favor, pídele al Señor que se digne concederme aunque sea una sola chispa de su amor. ¡Si supieras cuánto lo necesito!"

En los meses previos a su fallecimiento, el dolor se le hizo insoportable, y el hecho de no poder dormir la dejaba totalmente agotada. Finalmente, el 16 de abril de 1879, a la edad de 35 años, Bernardita falleció. Años más tarde, durante el proceso de canonización, se procedió a exhumar sus restos, los que fueron encontrados en perfecto estado de conservación. Hasta en la muerte, el Señor usó a Bernardita para demostrar su poder y su gloria.

El pequeño pueblo de Lourdes ha llegado a ser sinónimo de la gracia sanadora de Dios: así lo atestigua una muralla cubierta de muletas y sillas de ruedas que han dejado los enfermos y paralíticos que han sanado. Hoy, casi 150 años más tarde, los peregrinos siguen llegando por millones a este pequeño rincón del mundo a bañarse en el "agua viva" que Bernardita descubrió.

# La vida de Santa Bernardita Soubirous

**1844**   Nace en Lourdes el 7 de enero, hija mayor de Francisco Soubirous y Luisa Casterot

**1856**   Su familia, apremiada por dificultades financieras, se traslada a una pequeña casa que anteriormente había servido de cárcel

**1858**   11 de febrero: Ve la primera aparición de la Virgen María
18 de febrero: Ve la tercera aparición; la Virgen le pide que acuda al mismo lugar durante 15 días
25 de febrero: Descubre el manantial
4 de marzo: 20.000 personas acuden a la gruta a ver a Bernardita; se cumplen los 15 días
25 de marzo: La Virgen se identifica como "La Inmaculada Concepción"
16 de julio: Última aparición

**1860**   Bernardita se traslada a la escuela y hospicio de Lourdes

**1866**   Parte de Lourdes y llega a la Casa Matriz de las Hermanas de Nevers. El 29 de julio toma el hábito de novicia y adopta el nombre de Sor María Bernarda

**1867**   Profesa sus votos religiosos y se hace enfermera

**1873**   Se quebranta su salud y es relevada de sus deberes en la enfermería

**1875**   Inicia su vida de inválida

**1878**   Profesa sus votos perpetuos

**1879**   Muere el 16 de abril

# Apremiado por el amor

El legado de san Bernardo de Claraval

1090 - 1153

En el año 1112, un brillante joven de la nobleza emprendió una aventura extraordinaria que fue marcando nuevos rumbos en los círculos políticos, sociales y espirituales de toda la Europa occidental. Su pasión por el Evangelio y su carisma personal fueron atributos tan atractivos que despertó el interés de otros 30 hombres, jóvenes como él y mayores, que quisieron unirse a la aventura. En los 35 años siguientes, cientos de otros hombres tomaron igual decisión. Hubo reyes y papas que buscaron su consejo y envió a un ejército internacional para reconquistar Tierra Santa. Resolvió la disputa más compleja entre la Iglesia y el Estado. Sus sermones y cartas acerca del amor de Dios infundían calor hasta en los corazones más fríos y le granjearon el aprecio y cariño de las personas más dispares: jóvenes y viejos, ricos y pobres, nobles y plebeyos. Este es el legado de san Bernardo de Claraval, monje cisterciense, que fue a la vez el hombre más ocupado de su siglo y un creyente que amó a Dios con intensa fidelidad e intimidad.

Nació en 1090, hijo de una familia noble de Fontaines, Francia. Su padre, llamado Tescelin, era caballero. Todos esperaban que los seis hermanos de Bernardo (tenía una sola hermana) siguieran los pasos paternos, pero él demostraba grandes dotes intelectuales, por lo que a temprana edad fue enviado a una escuela de renombre. Tanto en la escuela como en su casa, demostró ser un joven sumamente activo. Leía todos los libros que cayeran en sus manos y siempre estaba conversando con sus amigos sobre distintas ideas y conceptos. Al igual que los jóvenes nobles de su época, aprendió a comportarse en la corte real y, aunque no se tiene un testimonio directo de ello, es muy probable que haya participado en alguna de las guerras menores que constantemente estallaban entre familias rivales de la nobleza de su región.

**Creyente precursor.** A los 22 años de edad, Bernardo entró al recién fundado monasterio de Cîteaux, situado a pocas millas del castillo de su familia. Tan grande era su entusiasmo por la nueva vida que iba a comenzar que logró persuadir a otros 30 nobles, incluidos su propio tío y todos sus hermanos, a que ingresaran con él. Cîteaux era una abadía experimental, que tenía por objeto reavivar la venerable tradición benedictina, propósito que sin duda debe haber resultado atractivo para estos jóvenes aventureros. Para ellos, al igual que para la juventud de hoy, cuando pensaban en cómo podían servir mejor a Dios y a su Iglesia, el desafío de la novedad y el atractivo de descubrir una distinta forma de vida, fueron suficientes para cautivarles la imaginación.

Tres años después de entrar en Cîteaux, Bernardo fue nombrado para dirigir el grupo de monjes que debía fundar una nueva abadía en Langres, provincia francesa de Champagne. Bernardo la llamó Claraval, que significa "valle claro", con lo que interrumpía la tradición de llamar "valle de amargura" a esa región.

Sólo tenía 25 años de edad, pero su profunda sabiduría, su amor apasionado por Dios y su obvio don de liderazgo lo convertían en el candidato ideal para esa tarea.

La noticia del éxito logrado en Claraval, especialmente de los jóvenes nobles que acompañaban a Bernardo, se difundió por todas partes y pronto la casa se llenó completamente. En 1118, Bernardo envió a un grupo de monjes a inaugurar un nuevo monasterio en Châlons; un año más tarde envió a otro grupo a Dijon y en 1121, otro grupo más a Soisson. Este ritmo prosiguió durante los 37 años de su vida pastoral y, para el final de sus días, había logrado fundar 68 abadías desde Escandinavia hasta Portugal y desde Inglaterra hasta Europa central.

**Consejero y diplomático.** En todos los monasterios que fundó, Bernardo siempre se preocupó de que sus hermanos monjes tuvieran una fe bien arraigada en Cristo mediante la oración personal, el estudio de la Escritura y el ritmo litúrgico de la vida benedictina. Su principal responsabilidad fue fomentar en sus hermanos un profundo amor a Jesús, de modo que cualquiera que fuera la tarea que realizaran, su acción estuviera marcada por la humildad, la sabiduría y la bondad. Para ello escribió un tratado que tituló Pasos de humildad y orgullo, y una Carta sobre el amor, ambas obras alrededor del año 1124.

A medida que los seguidores de Bernardo fueron apareciendo por toda Europa, su influencia y reputación creció junto con ellos. En 1128, el arzobispo de Sens le pidió que escribiera un Tratado sobre la conducta y los deberes de los obispos. Esta misión era un poco riesgosa, ya que podía ponerlo en antagonismo con la jerarquía. Sin embargo, ni sus peores temores llegaron a concretarse y más tarde, ese mismo año, fue invitado a participar en el Concilio de Troyes. A partir de entonces quedó asegurado su lugar en los círculos superiores de la Iglesia y del Estado. En su vida cotidiana, alternaba entre el cuidado de sus monasterios y la vida pública, siempre perseverando y profundizando en su amor a Cristo durante toda su venerada vida monástica.

Bernardo pasó cinco años tratando de resolver la división que se produjo en la Iglesia, a raíz de la cual se eligieron dos Papas rivales. Viajó por toda Europa predicando la Segunda Cruzada, instando a caballeros y gobernantes de toda la cristiandad a luchar, no por tesoros ni tierras, sino por amor a Cristo. Los guerreros no habían de ser sanguinarios, como había sucedido en guerras anteriores, sino que debían entregar la vida para liberar la Tierra Santa de manos de los incrédulos. Demás está decir que la tristeza se apoderó de Bernardo cuando se dio cuenta de que los soldados eran incapaces de observar semejantes objetivos tan espirituales, razón por la cual, creyó que la cruzada fue un rotundo fracaso.

**Decidido adorador de Dios.** Bernardo era un hombre de gran intensidad, característica que pasó a su comunión con Dios. Sin contentarse solamente con rezar oraciones y salmos, quiso conocer más profundamente a este Dios a quien le había dedicado su vida. Pensaba que si no lograba tener una experiencia personal de Dios, no podría hablar de Él a otras personas; que si no experimentaba el amor de Dios en su propio corazón, no podría instar a otros a buscar ese amor.

Los escritos de Bernardo son testimonio de que su búsqueda fue recompensada mucho más allá de sus expectativas. En todos sus comentarios y sermones constantemente relata sus experiencias de Dios, a pesar de que habían sido personales e íntimas. Teniendo un intelecto tan capaz y talentoso, Bernardo pudo fácilmente haber concentrado su atención sólo en lo intelectual y llegar a ser un renombrado teólogo. Pero esto nunca fue suficiente para él. Si Dios es amor, conocer a Dios era conocer el amor vivo, dinámico, eficaz. Si la Escritura presentaba a Jesús como el Esposo que busca a su Esposa, los que quisieran seguir al Señor estarían invitados a experimentar un abrazo de amor tan íntimo que no habría analogía humana que pudiera expresarlo sino la unión entre dos esposos.

Esta es la lógica del sermón que escribió Bernardo sobre el Cantar de los Cantares, proyecto en el que trabajó más de 20 años, mientras cumplía todas sus otras responsabilidades. Pero en lugar de escribir un comentario versículo por versículo, Bernardo usó este poema bíblico sobre el amor como pretexto para explicar cómo Jesús le había cautivado el corazón. Vale la pena añadir que Bernardo escribió 86 sermones sobre el Cantar, ¡pero sólo llegó hasta el primer versículo del tercer capítulo!

**Hombre de contemplación y acción.** Lo que motivó a Bernardo para emprender una vida tan dinámica y pública fue el encuentro gradualmente más profundo que tuvo con el amor transformador de Dios. Incluso al asumir sus funciones de diplomático, administrador o árbitro, siempre tuvo en el corazón el deseo de regresar a su hogar en Claraval. Más que nada, atesoraba sus momentos de intimidad con el Señor, aquellas ocasiones en que podía dejar que el amor ilimitado de su Salvador le impregnara el corazón y la mente. En uno de sus sermones sobre el Cantar de los Cantares, Bernardo explica esta relación:

"Después que el Esposo ha puesto la mirada en el alma con

bondad y misericordia, su voz pronuncia suavemente la voluntad divina. Su voz es el amor mismo, y el amor nunca descansa sino que está continuamente urgiendo al corazón a obedecer el mandato de Dios. La esposa también escucha la llamada a levantarse de prisa y emprender la obra de salvar almas. La naturaleza de la contemplación verdadera y pura es tal que, mientras inflama el corazón de amor divino, a veces lo llena de un gran celo por ganar almas para Dios. El corazón renuncia con gusto a la quietud de la contemplación para dedicarse a la obra de la predicación; una vez cumplidos estos deseos, regresa rápidamente a la contemplación, como a la fuente de la que manan las buenas obras. Del mismo modo, una vez que ha vuelto a saborear las delicias de la contemplación, con gozo se dedica a realizar nuevas obras." (57.9).

A su fallecimiento, en 1153, Bernardo dejó tras sí el testimonio de una carrera de político, empresario y diplomático que había sido exitosa porque él fue exitoso en su amor a Cristo. A medida que se iba llenando del amor de Dios, iba también entendiendo correctamente las pruebas y las exigencias de su época y supo acometerlas con eficacia. Librándose cada vez más de la egolatría, es decir el excesivo amor de sí mismo que constituye la raíz de todo pecado, Bernardo hizo a un lado sus propias necesidades y deseos para atender las necesidades de su prójimo.

# La vida de San Bernardo de Claraval

**1090**  Nace en el Castillo Fontaines, de Borgoña (Francia)

**1098**  Fundación del Monasterio de Cister

**1112**  Ingresa al Monasterio de Cister acompañado de otros 30 nobles

**1115**  Encargado de fundar un monasterio en Clairvaux (Claraval, que significa valle claro)

**1118**  Fundación del Monasterio de Tres Fuentes

**1119**  Fundación del Monasterio de Fontenay

**1121**  Fundación del Monasterio de Foigny

**1124**  Escribe el Tratado sobre los pasos de la humildad y el orgullo y Una carta sobre la caridad

**1128**  Escribe el Tratado sobre la conducta y deberes de los obispos; participa en el Concilio de Troyes

**1130-1138** Cisma en la Iglesia por la elección de Papas rivales

**1135**  Empieza a escribir sus Sermones sobre el Cantar de los Cantares

**1139**  Participa en el Segundo Concilio de Letrán

**1140**  Escribe un Tratado sobre la conversión de los clérigos

**1145**  El Cardenal Pedro Bernardo de Pisa, uno de los monjes de Bernardo, es elegido Papa Eugenio III; Bernardo es su consejero de mayor confianza

**1146-1148** Ayuda a organizar la Segunda Cruzada

**1149**  Fracaso de la Cruzada

**1153**  Muere el 20 de agosto

# Defensor de la Encarnación

San Atanasio

298 - 373

Corría el mes de febrero del año 356. Era pasada la medianoche y Atanasio, Obispo de Alejandría (Egipto) se encontraba presidiendo una vigilia sumamente concurrida. De repente y sin aviso previo llegaron los soldados del Emperador Constancio y rodearon la iglesia. Para calmar a la congregación, el obispo le pidió a un diácono que leyera el Salmo 136. Al cabo de cada versículo, el pueblo respondía al unísono: "Porque su amor es eterno". Finalmente, los soldados entraron a la iglesia con órdenes de arrestar al obispo. Los sacerdotes le pedían insistentemente que escapara, pero él rechazó la idea hasta que la mayor parte de la congregación se hubiera ido y estuviera a salvo. Entonces, gracias a lo que él mismo consideró protección divina, pudo escapar sin que lo vieran.

Así comenzó el tercer exilio de san Atanasio, que duró seis años. Más tarde, tendría que ir al destierro otras dos veces. De los 46 años que fue obispo, casi 20 los pasó en el exilio, ya fuera escondido o preso del emperador. Atanasio, hombre de férrea voluntad y de un optimismo incontenible, dedicó su vida a defender la verdad del Evangelio; propósito que le resultó particularmente difícil de cumplir, porque la Iglesia de su tiempo acababa de ser reconocida y aceptada por los emperadores romanos. Esto lo obligaba a trabajar frente a un nuevo tipo de luchas de poder y de crisis de identidad.

San Atanasio nació en una familia cristiana de Alejandría alrededor del año 298. Fue educado según la cultura griega clásica y recibió una sólida formación teológica. En esa época le tocó presenciar una de las últimas y más terribles persecuciones contra los cristianos, bajo el emperador Diocleciano. El horror de ver a sus amigos martirizados —y la posibilidad de que él mismo lo fuera— le causó una impresión profunda e imborrable. El hecho de que tantos hombres y mujeres estuvieran dispuestos a dar la vida por Cristo no hizo más que robustecer, en el corazón del joven Atanasio, la inquebrantable convicción de que en efecto Jesús había destruido la muerte.

**El misterio de la Encarnación.** Por el tiempo de su ordenación al diaconado, en el año 318, Atanasio escribió su *Tratado sobre la Encarnación*, que llegó a ser uno de los grandes clásicos de la literatura cristiana. La oración, el estudio y el testimonio de sus amigos le ayudaron a entender profundamente el misterio del amor de Dios revelado en la Encarnación de Jesucristo. Se sentía tan agradecido por la obra del Padre que, por amor a su pueblo, se sintió con el deber de defender esta verdad a toda costa. En su breve libro, Atanasio expone claramente el corazón de la verdad cristiana:

"Al hacerse hombre, nuestro Salvador nos favoreció con una doble bendición: primero, alejó de nosotros a la muerte y nos regeneró; luego, siendo Él invisible e imperceptible, se hizo visible por sus obras y se reveló como Palabra del Padre, Señor y Rey de toda la creación."

En el año 313, el Emperador Constantino se convirtió al cristianismo y abrió las puertas a la aceptación pública de la religión cristiana. La fe se fue propagando por todo el Imperio durante el siglo IV, pero la Iglesia pronto vio la necesidad de proteger el Evangelio exponiendo y esclareciendo todo lo que creían los cristianos acerca de Jesús y su relación con el Padre. El Emperador, viendo que surgía una creciente disensión teológica sobre la divinidad de Cristo y temeroso de que ésta llegara a provocar una división, convocó a los obispos a un concilio en la ciudad de Nicea en el año 325. Atanasio concurrió a este concilio como asistente de su obispo.

El centro del conflicto era Arrio, sacerdote de la iglesia de Alejandría que tenía muchos seguidores y que enseñaba que Dios Padre era eterno, pero no así el Hijo; que éste había sido creado por el Padre y, por consiguiente, que la Palabra tenía comienzo y estaba sujeta a cambio.

San Atanasio reconoció el peligro de semejante enseñanza. Si Jesús no era más que una criatura, adorarlo sería idolatría y todo el propósito de la Encarnación —la destrucción de la muerte y el acceso a la vida eterna— no habría llegado a concretarse. Eran conceptos que lesionaban la esencia misma del Evangelio y que dejaban a los creyentes huérfanos de toda esperanza.

Pero la controversia tenía otras facetas, no sólo la intelectual. Los arrianos actuaban como partido político y querían ganarse el favor de Constantino, razón por la cual trataban de destruir a los que defendían la posición tradicional de la Iglesia. El concilio, en gran parte gracias a la intervención de Atanasio, rechazó las enseñanzas erróneas de Arrio, lo envió al exilio y emitió una declaración de fe sobre la Encarnación, que fue la base del Credo de Nicea que hoy rezamos en la Misa.

El Credo afirma que Jesucristo es "Hijo único de Dios, nacido del Padre antes de todos los siglos, Dios de Dios, Luz de Luz, Dios verdadero de Dios verdadero, engendrado, no creado, de la misma naturaleza que el Padre". Esta fórmula recalca que el Padre y el Hijo son de la misma naturaleza increada (*homoousion*, en griego), término que san Atanasio defendió toda su vida.

En sus escritos, Atanasio solía usar comparaciones para explicar la unión íntima y eterna del Padre y el Hijo, como la siguiente tomada de su "Declaración de fe":

"Un manantial no es un río, ni un río es un manantial, pero ambos son uno y del mismo modo como el agua pasa del manantial al río, así la deidad del Padre pasa al Hijo sin corriente ni división. Porque el Señor dice, 'Vine de Dios' (Juan 16,28), pero Él está siempre con el Padre, porque está en el seno del Padre, y tampoco el seno del Padre estuvo jamás privado de la deidad del Hijo."

**Ataque de los arrianos.** Atanasio fue elegido Obispo de Alejandría en 328 y tan evidente era su amor por el Señor que pronto se ganó el cariño y la confianza del pueblo. Sin embargo, por el hecho de ocupar un puesto tan destacado en la Iglesia, y además por defender el Evangelio con tanto ahínco, continuamente sufrió los ataques de los arrianos. En el año 335, éstos volvieron a obtener el favor del emperador y trataron, mediante innumerables acusaciones falsas, de destituir a Atanasio, razón por la cual éste fue citado a un concilio en la ciudad de Tiro.

Acusaban a Atanasio, entre otras cosas, de haber asesinado a un obispo, llamado Arsenio, y de haberle cortado una de sus manos para hacer actos de magia. En realidad, los arrianos sobornaron a Arsenio para que se mantuviera oculto, pero los seguidores de Atanasio lo capturaron y lo llevaron a la sesión del concilio envuelto en una manta. Atanasio le quitó la manta y mostró una de las manos de Arsenio, que estaba intacta. Luego, tras un momento de suspenso, ¡le hizo mostrar la otra mano! Sin embargo, pese a su defensa, las circunstancias le fueron contrarias y Atanasio fue desterrado a Galia.

Cuando falleció Constantino, dos años más tarde, Atanasio regresó a Alejandría en 337, sólo para volver a ser exiliado en 339 por orden de Constancio, hijo y sucesor del emperador, que tomó partido con los arrianos. Durante este destierro, que tardó nueve años, Atanasio viajó a Roma acompañado de dos monjes. El encuentro en Roma con el monasticismo, junto con la fama y aceptación que había ganado la biografía del ermitaño egipcio Antonio, escrita por Atanasio, sembraron en el Occidente las semillas de la tradición monástica que 200 años más tarde establecería el gran San Benito.

**Gran alegría a su regreso.** Atanasio volvió a Alejandría en 346 en medio del gozo y la algarabía de la gente. Según se supo, hubo quienes caminaron 100 millas (160 km) para ir a saludarlo. Durante casi diez años, Atanasio pudo pastorear en paz a su iglesia en Alejandría, haciendo de ella un modelo de comunidad cristiana.

Esta "década de oro" concluyó aquella noche del año 356, cuando los soldados del Emperador Constancio, que simpatizaban con los arrianos, allanaron la catedral de Alejandría para apresar a Atanasio. El obispo se mantuvo oculto durante seis años, pasando de las celdas de los monjes del desierto a los mausoleos reales, y hasta permaneciendo a veces como incógnito en la propia ciudad. Un grupo grande de sus seguidores fieles formaron una hermandad para protegerlo y difundir sus cartas. Algunos de los mejores escritos de Atanasio fueron fruto de este período.

Con la muerte de Constancio, en el año 362, concluyó el exilio de Atanasio y también parecía que así terminaban sus tribulaciones, pero aún le quedaban dos breves exilios más que sufrir. En el año 362, el Emperador Julián, que era pagano, lo desterró. A su partida, Atanasio dijo con toda calma a sus amigos, que no podían contener las lágrimas, "No se aflijan, es solo una nube que pronto pasará." Se embarcó y navegaba por el Nilo hacia el Alto Egipto, cuando fue perseguido por oficiales del gobierno. Cuando éstos hicieron detenerse al barco para preguntar por Atanasio, él mismo respondió, "No está lejos" y escapó sin que lo reconocieran.

Atanasio regresó a su catedral en el año 363, tras la muerte de Juliano. Después de un quinto exilio de unos pocos meses, en 365, disfrutó de paz en los siete últimos años de su vida. Para la época de su fallecimiento, en 373, el arrianismo se había debilitado tanto, a causa de divisiones entre sus defensores, que ya no representaba una amenaza importante para la Iglesia.

En el año 381, el Concilio de Constantinopla ratificó las declaraciones del Concilio de Nicea en cuanto a la divinidad de Jesús. La perseverancia y la valentía de Atanasio habían evitado que la Iglesia se desviara de la verdad, y así preservara la maravilla del cristianismo para nosotros. "¿Quién es nuestro gozo y nuestra gloria", escribió Atanasio, "sino Jesucristo, nuestro Señor y Salvador, que sufrió por nosotros y que por sí mismo nos dio a conocer al Padre?"

# La vida de San Atanasio

**298**    Nace en Alejandría, Egipto, en una familia cristiana

**318**    Es ordenado diácono; escribe el Tratado sobre la Encarnación

**325**    Participa en el Concilio de Nicea

**328**    Es elegido Obispo de Alejandría

**335**    Los arrianos lo citan al Concilio de Tiro y se exilia en Galia (en la actual Francia)

**337**    Regresa a Alejandría

**339**    Se exilia en Roma cuando el Emperador Constancio se pone de parte de los arrianos

**346**    Regresa a Alejandría en medio de mucho regocijo

**356**    Los arrianos vuelven a atacarlo; se escapa durante un servicio religioso muy concurrido e inicia su tercer exilio

**361**    Regresa para asumir el obispado

**362**    Expulsado por el Emperador Julián, comienza su cuarto exilio en el Alto Egipto

**363**    Regresa a Alejandría después de la muerte de Julián

**365**    Por orden del Emperador, inicia su quinto exilio, que dura sólo unos meses

**373**    Muere en Alejandría

**381**    El Concilio de Constantinopla ratifica las declaraciones del Concilio de Nicea sobre la divinidad de Jesús

EGO · IO. BAPT. PVSTERVLA · EQES · PRECB.TVS · GALLICAS · MNVS · EVASI

# Un puente entre el cielo y la tierra

Santa Catalina de Siena

1347 – 1380

Los gritos de Lapa Benincasa retumbaron en la cocina de su casa y se esparcieron por las calles de Siena. Su hija Catalina, adolescente de 15 años y penúltima de sus 25 hijos, acababa de raparse la cabeza porque no estaba dispuesta a permitir que la casaran contra su voluntad y para demostrar la gravedad de su decisión, se había cortado completamente el cabello.

La firmeza de carácter era evidente en ambos lados. Lapa y Diego, el padre, castigaron a Catalina por desobediente: la pusieron a trabajar como criada de la casa y le quitaron su cuarto, de manera que no pudiera rezar. Pero a Catalina le encantaba rezar; desde pequeña había imitado las prácticas piadosas de los frailes dominicos que vivían cuesta abajo desde su casa. En 1352, cuando apenas tenía seis años de edad, tuvo una visión de Jesucristo por encima del techo de la Iglesia de Santo Domingo, acompañado de los apóstoles San Pedro, San Juan y San Pablo; a la tierna edad de siete años, prometió no casarse nunca y dedicarse por completo a Dios.

Viendo que sus padres insistían en que se casara, por un tiempo accedió a concurrir a fiestas y a vestirse con las ropas elegantes y coloridas que le sugería su hermana Bonaventura, que era casada. Pero cuando ésta murió al dar a luz, Catalina reafirmó su promesa original. No había nada que sus padres dijeran o hicieran que pudiera hacerle cambiar de parecer; con agrado les servía y en medio de los quehaceres de su familia, que tenía muchas actividades, se dedicaba a construir una celda interior en la cual pudiera disfrutar de la dulzura del Señor.

La familia estaba desconcertada; sus hermanos la molestaban con burlas e ironías; pero un día en que Catalina rezaba arrodillada en un rincón, su padre vio una paloma blanca sobre la cabeza de ella, y entendió que era una señal de Dios. Catalina era una niña muy especial, por lo que finalmente le permitieron volver a su cuarto y vivir como ella quisiera.

Con la intensidad y la determinación que le eran características, Catalina se entregó de lleno a una vida de ayuno, oración y penitencia. La creciente pasión que sentía por Cristo hizo brotar en su corazón un ardiente deseo de participar en el propio sufrimiento del Señor en la cruz, por lo que hizo un voto de silencio. Ya no salía del hogar más que para ir a Misa y se dedicaba a practicar varios ayunos y mortificaciones corporales y se privaba del sueño. Incluso para el siglo XIV, sus penitencias eran extremas y como no vivía en un convento no tenía una superiora que se los moderara. Lapa no sabía qué hacer. "Hija mía —le decía entre sollozos— veo que te estás matando ante mis propios ojos."

**Esposorio místico.** Catalina se debilitaba cada vez más por la disciplina excesivamente rigurosa que le imponía a su cuerpo, pero su espíritu volaba con alas celestiales. Jesucristo, Nuestro Señor, se le manifestaba en visiones y palabras, y con frecuencia ella veía a la Virgen María y otros santos y hablaba con ellos. En un punto, el Padre Raimundo de Capua, amigo íntimo de Catalina y su tercer y último confesor y director espiritual, dijo que las revelaciones que le contaba le parecían tan fabulosas que había comenzado a dudar de que le estuviera diciendo la verdad. No obstante, mientras el sacerdote pensaba en estas cosas, contemplaba el rostro de ella y veía la majestuosa faz de un varón con barba que le parecía ser Cristo. Aterrado, le preguntaba, "¿Quién eres tú?" y el Varón le respondía "El que es". Ante semejantes palabras, el Padre Raimundo volvía a ver el rostro de Catalina, pero la visión de la faz de Cristo puso fin definitivo a sus dudas.

Los íntimos coloquios de Catalina con el Señor culminaron finalmente en un "esposorio místico". En una visión tenida en 1368, la Virgen María llevó a Catalina y la presentó a Jesús, que le dio un anillo que sólo ella podía ver. Pero con esta "boda" terminó la reclusión de Catalina. El Señor comenzó a llevarla a una vida más pública, para que pudiera ganar almas para su Esposo.

Esto le pareció espantoso a Catalina, porque ella deseaba permanecer entre las murallas de su celda, y protestó alegando que ella formaba parte del sexo "débil" y que no podía salir a la calle en una sociedad en la cual no era bien visto que las mujeres se dejaran ver en público, sino que debían permanecer en el hogar. El Señor le respondió diciéndole: "Para mí no hay varón ni hembra, rico ni pobre; todos son iguales, porque Yo puedo hacer todas las cosas con igual facilidad." Dios la había escogido a ella, le dijo a Catalina, para disciplinar a los orgullosos y a los entendidos.

**Nuevamente en el mundo.** A sus 21 años, la joven había guardado silencio durante tantos años que tuvo que aprender nuevamente a tratar con la gente y amarla tanto como amaba a Cristo. Comenzó participando en las cenas familiares. Varios años antes, en 1365, había tomado el hábito de un grupo de hermanas dominicas conocidas como "*las manteletas*", por el manto que usaban, que vivían en sus propios hogares y se dedicaban a realizar obras de caridad. Por eso, siguiendo el ejemplo de *las manteletas*, se entregó por completo a cuidar a los pobres y los enfermos.

A medida que más y más gente iba conociendo su sabiduría espiritual, no pudo continuar con su aislamiento y pronto se vio de lleno en el mundo; tanto hombres como mujeres se congregaban para escuchar la sabiduría de su enseñanza. Finalmente, se formó un grupo de discípulas a su alrededor, que comenzaron a llamarla "madre", aunque muchas eran mayores que ella. Estas fueron sus amigas queridas, a quienes amaba de corazón, muchas de las cuales la acompañaron hasta el día de su muerte.

Pero no todos estaban fascinados con Catalina; algunos la ridiculizaban y propagaban perversos rumores contra ella; hasta algunos de los frailes dominicos de la iglesia local se molestaban porque a veces ella sollozaba ruidosamente en plena Misa y casi siempre entraba en prolongados éxtasis después de recibir la Comunión, poniéndose rígida y quedando con los sentidos suspendidos.

A pesar de que su vida era ahora bastante ocupada, el Señor estuvo siempre con ella. Una vez, atendiendo a una anciana que tenía una herida supurante, Catalina sintió náuseas. Reprendiéndose a sí misma por la repulsión que sentía, bebió el agua que había usado para lavar la herida. Más tarde le contaba al Padre Raimundo, "Jamás en mi vida he probado comida ni bebida alguna que me supiera más dulce ni exquisita." Para premiarla por este acto, el Señor la acercó a la llaga de su propio costado y le permitió beber de su sangre. Después de esta experiencia, Catalina fue perdiendo gradualmente la capacidad de digerir cualquier tipo de alimento y sólo podía subsistir nutriéndose de la Eucaristía.

En otra visión, el Señor le cambió el corazón por el suyo; y en otra más, recibió las lacerantes heridas de Cristo, pero a petición suya, ella era la única que podía verlas, ya que eran invisibles para los demás. En 1370, durante una grave enfermedad, experimentó una "muerte mística"; durante cuatro horas se veía muerta, pero estaba experimentando las delicias del cielo. No obstante, estas experiencias místicas, en lugar de alejarla del mundo, la introdujeron más aún en él.

**Las luchas políticas de Catalina.** El círculo de influencias de la joven mística había empezado a ensancharse. Cuando brotó la grave "plaga negra" en Siena en 1374, se propagaron las noticias de su valentía y su toque sanador. Cuando uno de sus amigos se contagió con la infección, ella le dijo, "Levántate. ¡No es tiempo de acostarse en una cama blanda!" El enfermo se recuperó instantáneamente. Su fama iba en aumento y le hizo recibir invitaciones para visitar otras ciudades; en Pisa y en otros lugares predicó con tanta eficacia que varios sacerdotes tuvieron que acompañarla para escuchar las confesiones de los pecadores arrepentidos. En varios casos, Catalina oraba por delincuentes empedernidos que luego se arrepentían antes de ser ejecutados.

En la época de Catalina, muchos prelados y religiosos habían caído en corrupción por la influencia de las riquezas y el poder temporal. La mística oraba continuamente por la reforma de la Iglesia y escribió numerosas cartas a las autoridades eclesiásticas exhortándolas a extirpar la corrupción y nombrar hombres virtuosos para desempeñar las funciones de la Iglesia. Jamás tuvo miedo de decir lo que sentía y con toda franqueza les decía a jefes de estado y gobernantes lo que ella consideraba que era la voluntad de Dios para ellos. A un sacerdote descarriado le escribió diciéndole: "Los que deberían ser templos de Dios son ahora como corrales de cerdos."

Tampoco se amilanaba para exhortar a los florentinos a que permanecieran leales al Papa Gregorio XI, a pesar de las tensiones cada vez mayores entre Florencia y el papado. Para Catalina, el Papa, en su investidura de cabeza de la Iglesia, era "el dulce Cristo en la tierra." En 1376, los florentinos le pidieron que viajara a Aviñón, en Francia, donde residían los papas desde 1309, para servir de mediadora, misión de paz que fracasó porque Florencia no tenía verdaderas intenciones de reconciliarse. Sin embargo, Catalina estableció una afectuosa relación con el Papa Gregorio —a quien llamaba "Babbo mío"— y logró persuadirlo de volver a Roma, porque estaba convencida de que esta acción permitiría restablecer la paz y fortalecer el papado.

Pero la situación de la Iglesia continuó deteriorándose durante la vida de Catalina. El Papa Gregorio murió y fue reemplazado por Urbano VI. Ella le rogó a Urbano que tratara a sus enemigos con misericordia: "Combine la compasión con la justicia, para que su justicia no termine siendo injusta." Pero fue inútil. Urbano se distanció tanto del clero francés que éste declaró que la elección papal había sido inválida y eligieron su propio papa.

El Sumo Pontífice quería que Catalina se trasladara a Roma, para apoyo espiritual, de manera que en 1378, ella junto con 22 de sus discípulas llegaron a la ciudad, donde vieron que hasta los romanos se ponían en contra del papa. Catalina vio que este era un grave pecado y le rogó al Señor que los perdonara y le permitiera a ella sufrir el castigo que ellos merecían. Pronto se vio atormentada por espíritus malignos y empezó a debilitarse físicamente; pero continuó caminando diariamente una milla hasta llegar a la Basílica de San Pedro para asistir a Misa, hasta que finalmente ya no pudo levantarse. Falleció el 29 de abril de 1380 a la edad de 33 años. El cisma papal por el que Catalina había derramado tantas lágrimas de amargura se prolongaría todavía por otros 44 años, hasta 1424.

**El diálogo.** Santa Catalina legó al mundo, aparte de cientos de cartas, un gran clásico de la literatura cristiana. Antes de su muerte y mientras se encontraba en éxtasis, le dictó a su secretario un "libro" que llegó a conocerse como *El Diálogo*. En esta conversación entre Dios y "un alma", Catalina reveló las profundidades del amor y la misericordia de Dios.

En su libro, Catalina dice que Cristo es como un puente entre el cielo y la tierra, por el cual cada alma debe ascender a fin de no ahogarse en el río que pasa por debajo. Hay tres escaleras en este puente: la primera son los pies de Cristo clavados en la cruz, que simboliza la etapa en que las almas tienen miedo de las consecuencias del pecado y tratan de buscar a Dios por temor servil; la segunda es el costado de Cristo, desde la cual las almas pueden ver el corazón del Señor y darse cuenta de la inmensidad del amor de Dios; la tercera es la boca de Cristo, en la cual las almas aman ahora en forma perfecta y encuentran la paz después de la guerra que han librado contra el pecado.

La vida de Santa Catalina fue también un puente, desde el Señor hacia nosotros. Ella, que experimentó la intensidad del amor y la misericordia de Dios, actuaba con la misma actitud no sólo ante Dios sino también ante sus semejantes, ya fuera un

campesino pobre o un rey poderoso. Los escritos de Santa Catalina, que contienen la sabiduría que recibió del Señor, continúan
siendo hoy una gran fuente de enseñanza, hecho que fue reco-
nocido oficialmente en 1970, cuando S.S. el Papa Pablo VI la
nombró Doctora de la Iglesia.

# La vida de Santa Catalina de Siena

**1347**  Nace en Siena, hoy parte de Italia; la penúltima de los 25 hijos de Lapa y Diego Benincasa

**1352**  Tiene la primera visión de Jesús por encima del techo de la iglesia de Santo Domingo

**1353**  Hace votos de permanecer virgen

**1365**  Toma el hábito dominico y comienza un período de oración, penitencia y aislamiento en la casa de sus padres que dura tres años

**1368**  Tiene una visión en la cual celebra un esposorio místico con Jesús; se reintegra al mundo

**1370**  Experimenta una "muerte mística"

**1374**  Se dedica a atender a los enfermos durante la plaga negra que azota a Siena

**1375**  Se traslada a Pisa para predicar; encontrándose allí recibe las estigmas de las llagas de Cristo

**1376**  Viaja a Aviñón y convence al Papa Gregorio XI que regrese a Roma

**1378**  Termina de dictar *El Diálogo*; se traslada a Roma a petición del Papa Urbano VI

**1380**  Muere en Roma el 29 de abril

# Una pasión por salvar almas

San Antonio María Claret

1807 – 1870

Antonio Claret poseía todos los talentos necesarios para llegar a ser un diseñador de fama mundial. Nacido en 1807, en la pequeña ciudad catalana de Sallent, España, fue hijo de un fabricante de géneros. En su adolescencia se incorporó a la empresa familiar, en la que superó con creces lo que se esperaba de él. A los 17 años, aceptó un cargo de aprendiz que le ofrecieron en Barcelona, donde continuó estudiando el negocio de los géneros. El tiempo se le iba en la preparación de nuevos diseños, tanto de telas como de las máquinas que se usaban para producirlas. Su trabajo lo absorbía tanto que nada le habría impedido conseguir sus propósitos. "Había más máquinas en mi cabeza que santos en el altar", confesaría más tarde.

Esta obsesión creció a tal punto en él que empezó a inquietarle, porque siempre había sido devoto, como sus padres. Cuando niño, impresionado por pensamientos acerca de la eternidad, permanecía despierto de noche repitiendo una y otra vez las palabras "para siempre". Pero ahora, las distracciones de su profesión le estaban enturbiando su relación con el Señor. Un día, en 1828, iba caminando por la playa cuando una enorme ola le hizo perder el equilibrio y la resaca lo arrastró tan rápido y tan adentro que sus amigos no pudieron alcanzarlo. No sabía nadar, así que clamó a la Virgen María y de repente, sin saber cómo, se encontró en la playa nuevamente. Esta experiencia milagrosa le sirvió para despertar del letargo y decidió abandonar su profesión para hacerse sacerdote.

Pero el cambio de vocación no le transformó la determinación de su personalidad; ahora, en lugar de máquinas y géneros, su ser se llenó de un firme afán por salvar almas. Las palabras "para siempre" habían quedado grabadas profundamente en su corazón, y para él no había nadie que no pudiera tener esperanzas; todos podían vivir con Jesús para siempre. Desde los villorrios más lejanos hasta la corte real y al otro lado del mar, Antonio Claret iba predicando este mensaje. Mediante sus escritos y a través de la orden de misioneros que fundó, los que escucharían la Buena Noticia de Jesucristo serían millones y millones.

**La vocación misionera.** Cuando se ordenó, en 1835, lo enviaron a su ciudad natal de Sallent para asumir funciones pastorales en la parroquia del lugar. Incluso ataviado con su indumentaria sacerdotal, su porte no era impresionante, ya que era bajo de estatura y sus facciones eran irregulares; la cabeza un poco voluminosa y ojos oscuros. Sin embargo, los pobladores se alegraron mucho cuando recibieron al joven cura de 27 años nacido en medio de ellos. Pero no se iba a quedar allí mucho tiempo. Durante los años siguientes se fue intensificando su deseo de hacerse misionero y predicar a quienes jamás hubieran escuchado el Evangelio, y así fue como en 1839, entre las protestas de sus feligreses, Antonio obtuvo la venia de su obispo para ir a Roma a ofrecerse a la Iglesia como misionero.

En Roma, le presentaron a un sacerdote jesuita que lo invitó a ser misionero con su orden. Desbordante de gozo, Claret hizo los tradicionales *Ejercicios espirituales* de San Ignacio de Loyola. No obstante, a pocos meses de haber entrado al noviciado, Dios le hizo ver claramente que no permanecería en Roma, porque de repente le atacó un agudo dolor en la pierna, y sus superiores entendieron que esa era una señal para que regresara a España. En 1840, Antonio se embarcó hacia Cataluña y allí fue nombrado regente de Viladrau, lejana aldea montañesa. El dolor de la pierna se le desapareció tan misteriosamente como le había venido.

En Viladrau encontró que la población había caído en un desánimo profundo y nadie atendía a los enfermos y moribundos. Tras una sangrienta guerra civil, las facciones políticas opuestas habían saqueado el pueblo y todos los médicos habían huido del lugar. "¿Qué otra cosa podía hacer —escribió— sino ser médico de males espirituales y también corporales, especialmente porque tenía ciertos conocimientos de medicina que había adquirido estudiando en algunos libros?" Sin mucha demora, el sacerdote transformado en médico lograba curar numerosas enfermedades usando hierbas y aceites sencillos.

**Curar a los enfermos y cautivar los corazones.** La fama de las curaciones se propagó y multitudes de gente empezaron a venir a verlo. No obstante, estaba tan ocupado predicando y escuchando confesiones, que "no me parecía conveniente prescribir remedios físicos." Por eso, simplemente hacía la señal de la cruz sobre los enfermos y repetía las palabras de la Escritura, "Pondrán las manos sobre los enfermos y éstos sanarán" (Marcos 16,18) y en efecto recuperaban la salud, ¡por cientos! Antonio reconocía que el Señor estaba curando a sus hijos porque éstos se habían arrepentido de sus pecados. Maravillado, declaraba, "Nuestro Señor les cautivó el corazón con estas curas corporales."

Pero no solamente la gente hacía largas filas para que los atendiera, sino que sus superiores le mandaron viajar a pequeñas aldeas de toda Cataluña para dar misiones y retiros. Así, caminando paso a paso por los senderos montañosos de los Pirineos soportando nevazones o calores intensos, Antonio decidió ir a cuidar su rebaño costara lo que costara. A los pecadores los llamaba "nuestros queridos hermanos", y anhelaba que regresaran al Señor, propósito al cual dedicó toda su vida. Pocas veces dormía más de dos horas cada noche y, cuando no predicaba, escribía sus sermones y los distribuía como pequeños folletos, que la gente recibía con entusiasmo.

Claret se cuidada siempre de no favorecer ninguna tendencia política; pero el anticlericalismo iba en aumento en España y el obispo tuvo temor de que Antonio, que ya era muy popular por sus curaciones y su predicación, corriera peligro; por eso en 1848 lo enviaron a las Islas Canarias, para que estuviera seguro, y allí sus sermones y la forma como sanaba la gente captaron nuevamente la atención de grandes multitudes. Con todo, a pesar de estar muy ocupado, por la noche continuó escribiendo libros religiosos.

Cuando regresó a Cataluña en 1849, puso en marcha dos iniciativas que ampliarían su labor misionera. Sus escritos habían tenido tanto éxito que le encomendó a una editorial comercial que continuara distribuyendo sus libros. También fue autorizado a fundar una nueva congregación, Los Hijos Misioneros del

Inmaculado Corazón de María. Los cinco primeros candidatos hicieron los *Ejercicios espirituales*, y Antonio fue unánimemente elegido superior.

**Arzobispo y reformador.** Mientras se encontraba completamente absorbido en la consolidación de su orden, su vida experimentó un vuelco inesperado: Lo nombraron Arzobispo de Santiago de Cuba. Al principio se quedó desconcertado. ¿Por qué iba a querer el Señor quitarlo del trabajo que había emprendido y que todavía estaba en sus comienzos? "Por una parte— comentó— no veía cómo podía aceptar esa misión; pero por otra parte, quería ser obediente." Aun cuando jamás había anhelado otra cosa que ser un sencillo sacerdote, Claret llegó a la conclusión de que esta era en efecto la voluntad de Dios.

Arribó a Cuba en 1851 y allí encontró que la condición espiritual de la gente era peor de lo que se había imaginado. Sólo había unos pocos sacerdotes —varios de los cuales no reunían los requisitos mínimos— y muchos de los matrimonios de la comunidad eran ilegítimos. Además, los que abogaban por la independencia de Cuba no tenían entusiasmo alguno en saludar a un sacerdote que formaba parte del clero español y por consiguiente "representante" del gobierno del que querían independizarse.

Como era su costumbre, Antonio se puso manos a la obra de inmediato. Visitó zonas apartadas cuyos pobladores jamás habían visto a un obispo. Dispuso que todos los sacerdotes tomaran los ejercicios espirituales y condenó sin temor alguno la esclavitud —práctica ya proscrita pero todavía común en Cuba— y la discriminación racial en general. Además, distribuía limosnas todos los domingos y estableció una caja de ahorros en la diócesis para alentar a los feligreses a comprar pequeñas granjas independientes. Impresionado por los miles de huérfanos que vivían en las calles, construyó una gran escuela y una granja para ellos y hasta escribió un libro sobre buenas prácticas agrícolas. Al parecer, los desafíos que enfrentaba Antonio al tratar de atender a su gente eran ilimitados.

Pero no es de sorprender que la forma en que su proceder estaba alterando el estado de las cosas le haya ganado muchos enemigos. Tras varios atentados contra su vida, el 1 de febrero de 1856, un hombre lo atacó con un cuchillo; no llegó a herirle la garganta, pero el tajo que recibió en el rostro fue tan grande que le desfiguró sus facciones desde la barbilla hasta el pómulo y le hizo sangrar profusamente, aunque no corrió peligro de muerte. "No puedo describir . . . la felicidad que experimenté en el alma por haber conseguido aquello que había anhelado desde tanto tiempo: derramar mi sangre por amor a Jesús y María."

**Confesor de la Reina.** En 1857 fue llamado a España para asumir otro nombramiento totalmente inesperado. La Reina Isabel quería que viniera a Madrid para ser su confesor personal. Nuevamente Antonio se quedó perplejo. "Entre todos los obispos no hay nadie menos apto para desempeñar esta misión, nadie que se identifique menos con el palacio" le manifestó por carta a un amigo. Con todo, el delegado papal en España lo urgió a aceptar el cargo, a lo que accedió pero con la condición de no tener que residir en el palacio. Este nombramiento le dejaba tiempo para predicar, estudiar y continuar escribiendo; además, mientras el rey y la reina se encontraban de viaje, podía visitar varias ciudades y predicar el Evangelio.

Claret creía que las experiencias que había tenido en el pasado habían hecho nacer en sí el amor a la persecución, lo cual se ratificó cuando, a principios de 1859, recibió un anuncio profético de que llegaría a ser "como la tierra . . . que la pisotean, pero que no protesta." En la década de 1860, los revolucionarios confabulados para derrocar la monarquía comenzaron a propagar calumnias acerca del confesor de la reina. Decían que era realmente él quien gobernaba el país, y lo acusaban de diversas ofensas atroces, como actos de inmoralidad y robos. Antonio, imitando a Jesús, se negó a defenderse. Finalmente, en 1868 una revuelta exitosa forzó a la familia real y a Claret a irse al exilio. Su congregación fue igualmente obligada a trasladarse a los Pirineos franceses.

Pero en el exilio se sintió libre. Ya no se consideraba obligado a actuar como confesor de la reina, la que, según se esperaba, debía abdicar. Antonio partió a Roma a prepararse para el primer Concilio Vaticano, en el cual, en 1870, logró persuadir a sus hermanos obispos que definieran la doctrina de la infalibilidad del papa. Cuando se clausuró el Concilio, uno de los sacerdotes de su orden viajó a Roma para llevarlo de regreso a España. Claret tenía la esperanza de que lo poco que le quedaba de su propia vida —dedicada con tanta entrega al Evangelio— pudiera ahora dedicarla a su familia religiosa.

Pero no iba a lograr tal cosa. Cuando los revolucionarios españoles descubrieron su paradero, salieron a capturarlo. Afortunadamente, antes que lo prendieran, sus hermanos sacerdotes lo ocultaron en el remoto monasterio cisterciense de Agua Fría, en Francia. Murió varios meses más tarde, el 24 de octubre de 1870, lejos del país en el que había predicado con tanto ardor y de los hermanos de la comunidad que él había fundado. Pero su trabajo en la tierra había quedado completo; su orden, conocida ahora como los claretianos, se multiplicó, cumpliendo así su inquebrantable pasión por ganar almas para el Señor.

# La vida de San Antonio María Claret

**1807**  Nace el 24 de diciembre en Sallent, región de Cataluña, España

**1825**  Acepta un puesto de aprendiz de diseñador en una fábrica de textiles en Barcelona

**1828**  Experimenta un rescate milagroso de entre las olas del mar; decide hacerse sacerdote

**1835**  Ordenado el 13 de junio; lo envían a la parroquia de su ciudad natal

**1839**  Obtiene permiso para ir a Roma y hacerse misionero

**1840**  Regresa a España por una lesión en la pierna; llega a ser director de Viladrau; comienza su ministerio de predicación y sanación

**1848**  Por razones de seguridad, lo envían a las Islas Canarias

**1849**  Regresa a Cataluña y comienza su más importante trabajo de publicación de escritos; recibe aprobación para fundar una nueva congregación

**1851**  Llega a Cuba para asumir el cargo de Arzobispo de Santiago

**1856**  Sufre un atentado contra su vida el 1 de febrero

**1857**  Lo llaman de regreso a España para ser el confesor personal de la Reina Isabel

**1868**  Los disturbios obligan a Antonio y su congregación a irse al exilio

**1870**  Participa en el Primer Concilio Vaticano; muere el 24 de octubre en un remoto monasterio cisterciense en Francia

**1950**  El Papa Pío XII lo canoniza el 7 de mayo

# El "caminito" de Dios

Santa Teresita de Lisieux

1873 – 1897

A la edad de quince años, Teresita Martín ingresó al Monasterio Carmelita de Lisieux, en Francia. Sólo nueve años más tarde murió de tuberculosis en el mismo monasterio. A pesar de lo poco significativo que esto pueda parecer, al interior de aquellos muros, la Hermana Teresa del Niño Jesús de la Santa Faz recibió sabiduría y gracia muy superiores a su corta edad y dejó un espléndido legado que todavía vibra en la Iglesia hasta el día de hoy. En su autobiografía, *Historia de un alma*, Teresita describe su travesía de fe como "el camino de la infancia espiritual, el camino de la confianza y del abandono total", camino hacia Dios que cualquier persona, en cualquier época, podía seguir.

**Las semillas de una vocación.** Teresita creció en un hogar en el que la oración y el amor estaban siempre presentes. Nacida el 2 de enero de 1873, fue la menor de las cinco hijas de Celia Guerin y Luis Martín. "Dios se ha complacido en rodear de amor toda mi existencia: ¡Mis primeros recuerdos están grabados con las sonrisas y caricias más tiernas!" escribió Teresita. Era una niña hermosa, inteligente y de firme carácter, y su madre la describía como "un poco traviesa" que "coge unos berrinches terribles cuando las cosas no van a su gusto."

Su idílica niñez se vio bruscamente interrumpida a la edad de cuatro años, cuando su madre murió de cáncer mamario. "A partir de la muerte de mamá, mi carácter jovial cambió completamente" escribió Teresita, "yo, tan vivaracha y expansiva, me volví tímida e introvertida, excesivamente sensible." Viendo la necesidad de llenar el vacío, adoptó a su hermana mayor Paulina como su nueva madre y permaneció muy apegada a su padre, a quien llamaba su "rey".

La conversión espiritual y las devociones impregnaban todo el hogar de la familia Martín, y el amor a Dios que sentía Teresa llegó a ser una parte intrínseca de su propio ser. Siempre cautivada por la hermosura de la naturaleza, decía que cuando vio el mar por primera vez, "todo hablaba a mi alma de la grandeza y del poder de Dios." Así fue como las semillas de su propia vocación estaban ya plantadas cuando escuchó que Paulina quería hacerse religiosa.

**La sanación de un alma sensible.** Cuando se enteró, a los 9 años de edad, que Paulina entraría a la comunidad carmelita en cuestión de meses, Teresita se vio sumida en una profunda congoja. Siempre había supuesto que Paulina esperaría que ella creciera más. "Fue como si un puñal se hubiese clavado en mi corazón" escribió. "Iba a perder a mi segunda madre."

Teresa era académicamente brillante, pero tenía dificultad en la escuela por causa de su timidez y de su personalidad retraída y reflexiva. Le costaba mucho trabar amistad con niños de su edad, de manera que no pasó mucho tiempo antes de que el dolor de cabeza, que se le había hecho constante, y el insomnio que le causaba la tensión terminaran por provocarle un completo colapso. La familia mantuvo una continua vigilia junto a su cama, mientras ella sufría alucinaciones y extraños temblores.

En medio de sus sufrimientos, Teresita se sintió cada vez más atraída hacia Jesús, "mi único amigo", como decía. Veía que su vida era como un barco que la llevaría a su verdadero hogar, donde se reuniría con su madre en el cielo y con sus cuatro hermanos y hermanas que habían fallecido siendo pequeños. Dos meses más tarde, vio una "arrebatadora sonrisa" en la estatua de la Virgen y de inmediato empezó a recuperarse.

Cuando cumplió los trece años, su hermana mayor María, con quien se sentía muy unida, también se fue al Carmelo. Siendo tan joven, Teresa dijo de sí misma que, "era verdaderamente inaguantable, debido a mi excesiva sensibilidad." Deseaba entrar al Carmelo con todas sus fuerzas, pero sabía que sería imposible hasta que dejara de ser tan extremadamente emotiva. También sabía que no tenía los recursos internos que le permitieran cambiar. Dios tenía que obrar un milagro en ella.

**Un milagro de Navidad.** Ese año (1886), después de regresar de la Misa navideña de medianoche, Teresa escuchó que su padre, que se sentía exhausto, se quejaba de tener que quedarse hasta tan tarde viendo cómo su pequeña hija abría sus regalos. Normalmente, un comentario como éste le habría atravesado el corazón y se habría deshecho en lágrimas, pero en lugar de dejarse arrastrar por esos sentimientos, sacó fuerzas de flaqueza para abrir sus regalos con toda alegría, como si nunca hubiera escuchado el comentario. Así se dio cuenta de que Dios había hecho "en un instante" lo que ella había tratado de lograr durante diez años: "Sentí, en una palabra, que la caridad entraba en mi corazón; la necesidad de olvidarme de mí."

Tenía sólo 14 años, pero Teresa sabía ahora que Dios la había preparado para vivir en una comunidad de claustro. Escogió la fiesta de Pentecostés para decirle a su padre, quien consideró que "Dios le hacía un gran honor pidiéndole sus hijas", según escribió Teresa. Finalmente, las cinco hijas se harían monjas, cuatro de ellas en el Monasterio Carmelita de Lisieux.

Pero el camino del Carmelo estaba lleno de obstáculos. El tío de Teresita le dijo enfáticamente que debía esperar hasta que fuera mayor; varias semanas después, sin embargo, cambió de repente de opinión y le dijo que ella "era una florecilla que Dios quería coger." Ella siempre se había considerado privadamente "una florecilla de Dios", de manera que supo que el cambio de opinión de su tío era un milagro. Pero cuando el Superior del Carmelo se negó a aceptarla por su tierna edad, quedó devastada. Tendría que recurrir al obispo para obtener permiso.

Un día muy lluvioso, a fines de octubre, Teresita y su padre visitaron al Obispo Mons. Flavian Hugonin. Mientras lo esperaban, el vicario general del Obispo vio lágrimas en los ojos de la niña y le dijo, "Ah, veo diamantes . . . ¡no conviene enseñárselos a Monseñor!" A Mons. Hugonin le agradó mucho la niña y le prometió una respuesta después de hablar con el superior del Carmelo. Triste por la prolongada demora, Teresa dijo, "Hice algo más que enseñar diamantes a Monseñor, ¡se los di!"

**Apelación al Papa.** Pocos días después, Teresa partió con su padre y su hermana Celina en una peregrinación diocesana hacia Roma, en la que tendrían una audiencia privada con el Papa León

XIII. Cuando llegó la hora de reunirse con el Sumo Pontífice, les recomendaron que no hablaran mientras recibían su bendición individual. Sin embargo, al arrodillarse, Teresita exclamó "Santísimo Padre, tengo que pedirle una gracia muy grande . . . en honor de su jubileo, ¡permítame entrar en el Carmelo a los quince años!" Después que los sacerdotes de la peregrinación explicaron que el asunto estaba en manos del Obispo, el Santo Padre la miró atentamente y le dijo, "¡Vamos . . . vamos . . . entrarás si Dios lo quiere!"

Teresa quería añadir algo más, pero los guardias la tocaron para que se levantara y viendo que no se movía, la tomaron por los brazos y la sacaron de la sala. Un mes más tarde, recibió la respuesta tan esperada: Podría ingresar en el Carmelo después de la Cuaresma. ¡Faltaba nada más que un mes!

**El "caminito" nuevo.** Viviendo en el monasterio, la idea que tenía Teresita de su "caminito" cristalizó. Una vez le explicó a su hermana que el camino de la infancia espiritual significaba "reconocer la pequeñez de uno, esperarlo todo de Dios, como un niño espera todo de su padre, sentirse incapaz de merecer la vida de uno, la vida eterna del cielo."

Pero un niño sí es capaz de recoger flores, por eso la joven Teresa se pasaba la vida recogiendo "las flores de los pequeños sacrificios" para ofrecérselas al Señor. "El amor sólo se paga con amor", escribió. En infinidad de pequeñeces, Teresita encontraba oportunidades para demostrar su amor a Jesús, "no dejando pasar ningún pequeño sacrificio, ninguna mirada, ninguna palabra, sino aprovecharme de las cosas más pequeñas y hacerlas por amor."

Por ejemplo, se hizo el propósito de pasar tiempo con las hermanas que más le desagradaban, y las saludaba con sonrisas amables; también cortaba el pan para una hermana inválida. Luego se dedicó a orar por los misioneros extranjeros y adoptó a dos sacerdotes como "hermanos" espirituales, a quienes les escribía animándolos en sus misiones. Cuando fue nombrada encargada del Noviciado, le pidió ayuda a Dios para "apacentar a los corderitos" que se le habían confiado. En todas estas situaciones, Teresa pensaba que estaba cumpliendo la vocación que Dios le había dado, es decir, la misión de amar, en la que están comprendidas todas las demás vocaciones en la Iglesia.

El crudo frío invernal que impregnaba el monasterio, por falta de calefacción, y la austeridad de su alimentación terminaron por deteriorarle la salud. Por primera vez tosió sangre el Viernes Santo de 1896. Al mismo tiempo, sintió que "las más espesas tinieblas le invadían el alma" y empezó a pensar que a lo mejor el cielo no era más que una ilusión. Sin embargo, pocas personas sabían de su lucha interior. Poco a poco su salud empezó a quebrantarse, aunque la florecilla permanecía alegre y serena.

El 17 de julio de 1897, postrada en la enfermería y moribunda, Teresita hizo su predicción que ha llegado a ser famosa: "Presiento que mi misión va a empezar, la misión de hacer amar a Dios como yo le amo . . . de enseñar mi caminito a las almas. Quiero pasar mi cielo haciendo bien en la tierra." Había dicho que después de su muerte haría caer "una lluvia de rosas."

Incapaz ya de respirar y padeciendo dolores indecibles, Teresa expiró el 30 de septiembre de 1897. Sin demora fue publicada su autobiografía, que de inmediato se convirtió en un clásico espiritual. Pronto empezaron a circular relatos de rosas que aparecían y de la fragancia de flores que se dejaba sentir, junto con curaciones milagrosas y respuestas a las oraciones. En 1925 fue canonizada y en 1927 fue designada Patrona de los misioneros extranjeros. Su "pequeño camino" ha llegado a ser un gran camino de la Iglesia que ilumina a todos los que viajan por él: En octubre de 1997—a los cien años de su muerte— el Papa Juan Pablo II honró a Santa Teresita Martín con el título de "Doctora de la Iglesia."

En 1999, las reliquias de Santa Teresita estuvieron de peregrinación por los Estados Unidos, donde permanecieron 117 días en 25 estados. Las reliquias también han visitado varios países, tales como el Brasil, la Argentina y Rusia. ⎯⟐⟐⎯

# La vida de Santa Teresita de Lisieux

**1873**  Nace el 2 de enero en Alençon; sus padres son Luis Martin y Celia Guerin

**1877**  Su madre muere el 28 de agosto; la familia de traslada a Lisieux el 15 de noviembre

**1882**  Paulina, hermana de Teresa, ingresa al convento carmelita de Lisieux

**1883**  Teresa cae gravemente enferma, pero se recupera dos meses después

**1886**  María, otra hermana de Teresa, ingresa también al convento carmelita de Lisieux; Teresa experimenta la gracia de la conversión en la Navidad

**1887**  29 de mayo: Le comunica a su padre que desea hacerse monja
31 de octubre: Visita al Obispo Hugonin en Bayeux y le pide permiso para entrar al Carmelo
20 de noviembre: Audiencia con el Papa León XIII

**1888**  Ingresa al Carmelo el 9 de abril

**1890**  Profesa sus votos el 8 de septiembre

**1894**  Celina, otra hermana de Teresa, ingresa al Carmelo

**1895**  Comienza a escribir su autobiografía

**1896**  Es nombrada maestra de novicias; escupe sangre por primera vez el Viernes Santo

**1897**  Cae gravemente enferma en abril y entra a la enfermería el 8 de julio. Muere el 30 de septiembre

**1898**  Se publica su autobiografía, Historia de un alma

**1899-1902** Circulan noticias de sus primeros milagros y curaciones

**1925** Canonizada el 17 de mayo por el Papa Pío XI

**1927** Declarada Patrona Universal de las Misiones

**1997** Nombrada Doctora de la Iglesia por el Papa Juan Pablo II

# Cautivados para Cristo

San Francisco de Sales

1567 – 1622

Si en 1609 hubiera habido una lista de los libros más vendidos, la *Introducción a la vida devota* habría ganado el primer lugar. Tal vez era inusual, incluso en el siglo XVII, que un libro espiritual llegara a ser tan popular, pero hubo una razón para que éste —escrito por el querido y admirado Obispo de Ginebra, San Francisco de Sales— llegara al corazón de tanta gente. Su idea central era revolucionaria: Aunque una persona no formara parte de una orden religiosa, podía llevar una vida grata a Dios. El obrero, el comerciante, la esposa y madre, cada cual podía descubrir el gran amor de Dios.

Mediante sus escritos, San Francisco despertaba el interés de la gente por el Señor, pero, en persona, su vida era como una fuerza magnética que los cautivaba para Cristo. De hecho, muchos decían que Francisco personificaba al propio Jesús. Era amable, generoso, de buen carácter, prudente y no temía demostrar el cariño que sentía por los demás, aunque su posición de obispo pudo haberlo hecho distanciarse de su rebaño. Era un excelente director espiritual, porque entendía claramente la naturaleza humana y podía dar consejos prácticos y realistas para guiar a los fieles en su búsqueda de Dios.

San Francisco de Sales nació el 21 de agosto de 1567 en la región de Savoya, situada en la zona alpina del este de Francia, que en esa época era un ducado independiente. Fue el hijo mayor de un militar retirado que cifró muchas esperanzas en que su hijo llegara a ser un destacado y prestigioso abogado. A los 14 años de edad, Francisco fue a París a estudiar con los jesuitas, y fue allí donde su devoción a Dios se despertó y creció. Incluso cuando tuvo una breve crisis espiritual a los 19 años, época en que empezó a pensar que jamás lograría llegar al cielo, solía elevar la siguiente plegaria: "Pase lo que pase, Señor, que por lo menos pueda amarte en esta vida, si no puedo hacerlo en la eternidad."

Francisco concluyó sus estudios de derecho en Padua, Italia, pero ya sabía que quería ser sacerdote. Para aliviar la decepción de su padre, un primo suyo le consiguió un puesto de cierta jerarquía en la iglesia. Fue ordenado sacerdote el 18 de diciembre de 1593 y llegó a ser preboste, es decir, director de la comunidad religiosa de la diócesis.

**El amor estremece las murallas.** El joven preboste, lleno de entusiasmo, se ofreció de voluntario para realizar un dificultoso viaje misionero a Chablis, al sur del Lago Ginebra. Los suizos habían invadido esa zona unos 60 años antes, persiguiendo a los católicos para forzarlos a hacerse calvinistas. En septiembre de 1594, Francisco y su primo Luis viajaron a Chablis a pie, esperando volver a convertir al catolicismo a los 60.000 habitantes de esa región. Pero quería realizar esta labor sin la ayuda militar del Duque, porque decía: "El amor estremecerá las murallas de Ginebra. Por el amor invadiremos la ciudad y por el amor hemos de conquistarla."

Los primeros años fueron difíciles y desalentadores. Sólo quedaban unas 100 personas que todavía eran católicas, y de ellas eran pocas las que se atrevían a asistir públicamente a misa. Por consiguiente, muchas veces las murallas eran las únicas que escuchaban los sermones de Francisco. Pero no por eso se dejó amedrentar; con toda determinación fue casa por casa llamando a las puertas y desafiando las frígidas ráfagas del viento invernal de los Alpes, atravesando cada mañana, sobre manos y pies, un peligroso puente que permanecía cubierto de hielo. Cuando se dio cuenta de que estos esfuerzos tampoco estaban dando fruto, finalmente decidió escribir un folleto doctrinal para distribuirlo por mano y para dejarlo en diversos lugares públicos. Poco a poco estos escritos empezaron a captar la atención del público y así nació el apostolado literario de Francisco.

Para la Navidad de 1596, de Sales consideró que no había demasiado peligro en celebrar una Misa pública en Thonon, principal ciudad de Chablis. Al año siguiente, en la misa del Miércoles de Ceniza distribuyó las cenizas, pero tal acción exasperó tanto a algunos de sus opositores que tuvo que huir de la iglesia a riesgo de su vida. No obstante, en el otoño de ese año encabezó una enorme procesión llevando el Santísimo Sacramento, en la que participaron miles de personas. Al año siguiente, con ocasión de una procesión similar, pero más grande aún, muchos protestantes pidieron ingresar en la Iglesia Católica. La gente empezó a llamar a Francisco de Sales el "Apóstol de Chablis."

Cerca de esta época, el obispo del lugar, Mons. Claudio de Granier, cayó enfermo de gravedad y quiso nombrarlo como su sucesor, pero él consideró que era demasiada responsabilidad y prefirió declinar el honor. Un sacerdote amigo le sugirió que celebrara la Misa del Espíritu Santo para saber cuál era la voluntad de Dios y Francisco accedió. Al hacer la genuflexión ante el altar para orar, tuvo un éxtasis y después de eso se sintió preparado para aceptar el cargo.

**Predicar el amor y la misericordia.** En 1602, de Sales viajó a París para cumplir una misión diplomática de la Iglesia. Su método de predicación, sencillo y de corazón a corazón, poniendo énfasis en la misericordia y el amor de Dios, hizo crecer su popularidad en la ciudad, al punto de que sin demora se encontró aceptando numerosas invitaciones para predicar, incluso de parte de la corte real. El rey Enrique IV estaba especialmente impresionado y le ofreció la oportunidad de hacerse cargo de una diócesis más grande y más importante, pero Francisco replicó, "Me he casado con una esposa pobre (su diócesis), y no puedo abandonarla por una más rica."

A su regreso desde París, de Sales se enteró de que Mons. de Granier había muerto, de manera que a él le tocaría ser el Obispo de Ginebra. Durante su Misa de Consagración, en diciembre de 1602, Francisco tuvo una visión de que la Santísima Trinidad estaba actuando profundamente en su persona. Fue un momento decisivo para él, como más tarde explicara: Dios "me sacó de mí mismo para hacerme suyo, y para luego darme a su pueblo."

La gracia de esta experiencia se manifestó en la manera en que el nuevo obispo se entregó de lleno a sus deberes, aun cuando continuó escribiendo libros y numerosas cartas de dirección espiritual. Una de sus actividades preferidas era dar personalmente las clases dominicales de catecismo, especialmente a los niños. La diócesis a su cargo abarcaba lejanas aldeas situadas entre montañas, pero nunca dejaba de visitar cada parroquia viajando a caballo de un lugar a otro, con buen o mal tiempo, y conversando con los campesinos en sus propios dialectos. "Es uno de los pequeños milagros de Dios", escribió una vez, "porque cada día termino tan cansado que no puedo moverme ni en el cuerpo ni en el espíritu; pero a la mañana siguiente me siento más alerta y renovado que nunca."

A pesar de tener un calendario tan agitado, Francisco aceptó una invitación, en 1604, para predicar los sermones de la Cuaresma en la cercana ciudad de Dijón. Antes de partir, tuvo una visión en la que veía a una viuda joven. No supo quién era, pero entendió que el Señor le estaba pidiendo que fundara una orden religiosa con aquella señora. El nuevo obispo que llegó a Dijón fue Mons. Andrés de Frémyot, cuya hermana se llamaba Juana de Chantal y había quedado viuda hacía ya varios años. Dos años antes, ella también había tenido una visión, en la que veía a un obispo desconocido y oía una voz que le decía: "Aquí está el guía, amado por Dios y apreciado por los hombres, en cuyas manos has de poner tu conciencia." Cuando los dos se cruzaron la mirada en la iglesia de Dijón, se reconocieron al instante. Este encuentro sería el inicio de una de las amistades espirituales más famosas de la historia.

**Comunión de corazones.** La joven viuda se sentía desolada y deseaba que Francisco la aconsejara y la dirigiera espiritualmente. Él accedió y en una de sus primeras cartas, le escribió unos ejercicios espirituales, con una palabra de advertencia: "Todo hay que hacerlo a base de amor, no a base de fuerza. El amor a la obediencia debe ser mayor que el miedo a la desobediencia." Juana deseaba entrar formalmente a la vida religiosa, pero Francisco le instó a tener paciencia y le recordó que "no hay impedimento más grande para avanzar por el camino de la perfección que el suspirar por otra forma de vida."

Bajo la dirección de Francisco, la vida espiritual de Juana floreció y la amistad entre ambos creció. "Hija mía", le decía en una de sus cartas, "Dios me ha dado una luz especial y me ha hecho ver que la comunión espiritual de nuestros corazones es obra suya . . . Por lo tanto, quiero considerarla como algo sagrado."

En 1607, Francisco le dijo a Juana que proyectaba fundar una nueva congregación religiosa y quería que ella fuera la superiora. Planeaba crear una comunidad que no excluyera a aquellas mujeres cuya salud no les permitía soportar las rigurosas normas de vida de otras órdenes más estrictas. La hija menor de Juana no tenía más que seis años, por lo que pensaron que no se podría hacer nada durante un largo período; pero al cabo de tres años habían ocurrido tantos cambios en la vida de Juana que ella pudo iniciar la congregación viviendo con su pequeña hija. De esta forma nació, en 1610, el Instituto de la Visitación, con tres mujeres que vivían en una pequeña casa situada en Annecy.

**La vida devota.** Mientras tanto, de Sales publicaba su obra maestra, titulada *Introducción a la vida devota*. En este libro, Francisco guiaba a sus lectores por medio de meditaciones detalladas cuya finalidad era ayudarles a escoger el amor y el servicio a Dios por encima de todo lo demás. Aconsejaba hacer oración y recibir los sacramentos con regularidad y explicaba de manera muy práctica cómo se podían cultivar las virtudes y llevar una vida moralmente recta. Por ejemplo, decía que "cuando nos sorprende la ira . . . vale más irla desplazando sin demora, que tratar de discutir con ella. Si la toleramos el tiempo más pequeño, se enseñoreará del lugar que le hayamos dado" (Parte III, Capítulo 8).

El libro de Francisco tuvo tanta aceptación que pronto fue traducido a otros idiomas, y desde la pobreza de su diócesis, la fama del Obispo de Sales se propagó cada vez más. Junto con informes de curaciones milagrosas que sucedían en respuesta a sus oraciones, la gente no demoró en decir que Francisco era un santo.

El segundo libro escrito por él que llegó a ser famoso, *Filotea o Tratado del amor de Dios*, fue escrito en 1616 para personas ya "avanzadas en la espiritualidad". El libro describía un tipo de oración silenciosa, mística, en la cual "los ojos hablan a los ojos, y el corazón al corazón, y nadie entiende lo que sucede salvo los amantes sagrados que hablan" (Libro IV, Capítulo 1). Estas palabras no eran nada más que teóricas, porque Francisco, Juana y las otras religiosas salesianas, o sea de la Orden de la Visitación, que vivían en Annecy estaban empezando a experimentar este tipo de profundidad en su propia oración, y el libro había sido fruto del tiempo compartido cuando Francisco presentaba sus "conferencias" a las hermanas.

De Sales era de edad madura, pero no avanzada; sin embargo, no pasaría mucho tiempo antes de que finalmente viera a Jesús cara a cara. La constante tensión de la vida tan agitada que llevaba contribuyó al deterioro de su salud. En 1622, pese a encontrarse enfermo, aceptó una invitación del Duque de Savoya para asistir a una conferencia de la iglesia y del estado en Aviñón. En Lyón, las Hermanas de la Visitación sólo pudieron ofrecerle un cuarto pequeño y frío, casi sin calefacción y, a pesar de que sufría de hinchazón en las piernas, él insistía en caminar a donde debía trasladarse. El 26 de diciembre de ese año, después de pasar tres horas en el frío asistiendo a un servicio al aire libre, Francisco sufrió una hemorragia cerebral que lo llevó a la muerte dos días después. Tenía 55 años de edad.

Para el año 1656, la *Introducción a la vida devota* ya se había traducido a 17 idiomas. Así, a través de la palabra escrita —en la que se percibe claramente la suavidad, el amor y la sabiduría que lo hicieron famoso— San Francisco de Sales ha pastoreado a millones de cristianos. Francisco, santo patrón de los escritores católicos y Doctor de la Iglesia, sigue captando la atención de muchas otras personas que por sus escritos se deciden a seguir el camino angosto que lleva a Cristo.

# La vida de San Francisco de Sales

**1567** Nace en Thorens, Saboya, el 21 de agosto

**1581-1588** Estudia en el Colegio Jesuita de París

**1586** Experimenta una breve crisis espiritual

**1588-1592** Estudia derecho y teología en la Universidad de Padua

**1593** Ordenado sacerdote el 18 de diciembre y nombrado superior de la diócesis

**1594-1598** Trabajo misionero en Chablis

**1599** Nombrado coadjutor del Obispo de Ginebra

**1602** Visita París en misión diplomática; consagrado Obispo de Ginebra el 8 de diciembre

**1604** Predica los sermones de Cuaresma en Dijon y conoce a Juana Francisca de Chantal, más tarde canonizada

**1607** Comienza los planes para fundar una nueva orden religiosa

**1609** Publicación de *Introducción a la vida devota*

**1610** Funda el Instituto de la Visitación, con la Madre Juana Francisca de Chantal como superiora

**1616** Publica el *Tratado sobre el amor de Dios*

**1622** Muere en Lyons el 28 de diciembre

**1665** Canonizado por el Papa Alejandro VII el 19 de abril

**1877** Declarado Doctor de la Iglesia el 7 de julio

# Para la gloria de Dios

San Ignacio de Loyola

1491 – 1556

Al parecer, no había solución. El enorme ejército francés avanzaba hacia Pamplona, en el norte de España, y no se veía otra salida más que claudicar. Pero el capitán se negó a rendirse sin oponer resistencia. El 20 de mayo de 1521, con su compañía de soldados, combatió valerosamente durante seis horas hasta que un muro de la fortaleza de Pamplona cedió y los invasores lo derrumbaron entrando con fuerza irresistible. El capitán, llamado Ignacio de Loyola, recibió el impacto de un proyectil de cañón que prácticamente le destruyó la pierna; sus caballeros lo rodearon y lo llevaron en camilla al castillo de su hermano.

La pierna no le sanó correctamente, pues le quedó un poco más corta que la otra y con una protuberancia. Más tarde, en su propia autobiografía dictada en tercera persona, escribió: "[El capitán] estaba decidido a triunfar en el mundo, y por eso no podía tolerar tal fealdad porque le parecía que le arruinaba su apariencia." En vista de esto, pidió que lo operaran de nuevo para corregir el defecto, teniendo que soportar dolores extremadamente agudos, más que nada por vanidad.

**Una mayor gloria.** Tras semejante peligro de muerte, Ignacio se fue recuperando lentamente. Postrado en cama, quiso leer algunas de las frívolas novelas de romance que tanto le hacían remontar la imaginación. Pero su cuñada tenía solamente dos libros que ofrecerle, uno sobre la vida de Cristo y el otro sobre las vidas de los santos. No pasó mucho tiempo antes de que el ex soldado se encontrara pensando más en las grandes hazañas de los santos que en las epopeyas militares y las románticas conquistas de los caballeros.

Una noche, en agosto de 1521, tuvo una visión de la Santísima Madre y el Niño Jesús. Lleno del amor de Dios, Ignacio declaró que "sintió en su interior un fuerte impulso de servir a nuestro Señor." Este hombre, que se había pasado la vida en pos de la fama y los honores mundanos, no quería ahora otra cosa que dar gloria a Jesús y llevar a otros a la fe en el Señor. A partir de entonces, todo lo haría "para la mayor gloria de Dios". Ignacio se convenció de que este era el propósito para el cual los hombres y mujeres habían sido creados: el dar testimonio y manifestar la divinidad de Dios en la tierra.

El legado que San Ignacio dejó al mundo fueron sus *Ejercicios Espirituales*, una colección de meditaciones fruto de su propia vida de oración. Dondequiera que iba, enseñaba sus *Ejercicios*, esperando despertar en las personas el deseo de servir al Señor con la misma entrega y dedicación suyas. Los Ejercicios le sirvieron también para crear un nuevo ejército de soldados —la Compañía de Jesús, también conocida como "Orden de los Jesuitas"— para propagar el Evangelio por todo el mundo, construir grandes centros de enseñanza y soplar una brisa de nueva vida en la Iglesia.

**Un estudio en contrastes.** La vida de San Ignacio antes y después de su encuentro con Cristo constituye un estudio en contrastes.

Nació en 1491 en una familia noble del país vasco, en el norte de España. A los 15 años de edad fue enviado a la casa de un amigo de la familia —el tesorero del rey—para aprender urbanidad cortesana, equitación y esgrima. Era impulsivo y arrogante y le gustaba usar trajes de colores vivos, capas ondulantes y las llamativas medias usadas en la corte, y se jactaba mucho de su largo cabello pelirrojo. Finalmente, ingresó al ejército del Virrey de Navarra, y mientras combatía por el Virrey sufrió la herida en la pierna que terminó por llevarlo a su conversión.

En febrero de 1522, ya se sentía bien como para iniciar su nueva vida al servicio de Cristo. Así fue como partió, poniendo oídos sordos a las protestas de su hermano y resolviendo arrepentirse de su vida anterior y hacer una peregrinación a Jerusalén. Regaló sus vestiduras elegantes a uno de los pobres del lugar y se vistió con una túnica de saco. El ex caballero llegó a la ciudad de Manresa, cercana a Barcelona; allí pidió limosna para comer y se dejó crecer el cabello sin cuidarlo, para expiar el antiguo orgullo que había sentido por él.

Ignacio encontró que Manresa era un excelente lugar de aprendizaje. Sus largas horas de oración lo llevaron a numerosas experiencias místicas y a descubrir nuevas realidades espirituales. Una vez dijo que Dios le había comunicado una impresión de la Santísima Trinidad como si se tratara de "tres teclas de un instrumento musical", revelación que lo hacía caer en sollozos incontrolables.

En Manresa empezó a escribir sus *Ejercicios Espirituales*, usando como guía sus propias experiencias espirituales. Habiendo descubierto la sutil astucia del diablo, explicó cómo se puede distinguir entre la voz del maligno y la voz del Espíritu Santo en la oración; también propuso métodos para discernir la voluntad de Dios. Por ejemplo, si uno tenía que decidir entre dos alternativas, buenas en sí mismas, los *Ejercicios* podían llevar a la persona a determinar, en la oración, cuál de ellas daría *mayor* gloria a Dios. Durante toda su vida usaría estos métodos para orar antes de llegar a las decisiones que él mismo y su orden debían enfrentar.

Ignacio partió de Manresa en febrero de 1523 decidido a realizar su peregrinación a Jerusalén. Viajó por mar a Italia, durmiendo a la intemperie y pidiendo limosna para comer; así llegó a Tierra Santa en septiembre. Les rogó a los guardianes franciscanos que lo dejaran pasar la noche allí y quedarse un tiempo, pero no se lo permitieron. Habiendo encontrado cerrada esta puerta, decidió regresar a Barcelona para "dedicarse a estudiar por un tiempo y así ayudar a las almas". Se matriculó en una escuela, aunque ya tenía 33 años, donde había muchachos estudiantes hasta de apenas 12 años, para estudiar la gramática del latín.

Dos años después, Ignacio estaba preparado para ingresar a la universidad en Alcalá. Para entonces, ya había algunos que lo seguían y él enseñaba sus *Ejercicios Espirituales*, los cuales, por ser tan nuevos y diferentes, despertaban sospechas en algunos. Fue interrogado por la Inquisición y detenido por un tiempo en la cárcel, pero viendo que nada de lo que enseñaba era contrario a la fe, lo exoneraron. En Salamanca sucedió algo parecido. Finalmente, terminó en la Universidad de París, en la cual compartió su habitación con dos estudiantes más jóvenes, Pedro Favre y Francisco Javier.

**Los primeros jesuitas.** No pasó mucho tiempo antes de que la calidez natural y la comprensión de Ignacio empezara a influir en sus compañeros de habitación. Favre descubrió que Ignacio estaba dispuesto a escucharle cuando trataba de discernir qué haría con su vida; siguió el consejo de Ignacio y pronto decidió seguir sus pasos. Javier, en cambio, se resistió. Era bien parecido, atlético y amigo de la buena vida, de manera que no quería tener parte en la sabiduría espiritual de Ignacio. Éste no hacía caso de esta falta de interés de Javier, le prestaba dinero cuando podía y le buscaba estudiantes que quisieran tomar las clases que éste daba. Finalmente, Javier también se convenció de que Dios lo llamaba a una existencia muy distinta de la vida mundana en la que había puesto sus esperanzas.

Otros cuatro discípulos se unieron a Ignacio: los españoles Diego Laínez, Alfonso Salmerón y Nicolás Bobadilla, y el joven estudiante portugués Simón Rodríguez. Este grupo hizo los *Ejercicios Espirituales* en conjunto. En una de las meditaciones se plantea a los lectores la disyuntiva de adoptar el estandarte de Cristo y, siguiendo los pasos de su Salvador, buscar la pobreza, la renuncia y la humildad, o bien adoptar el estandarte de Satanás y buscar las riquezas, el honor y la arrogancia. Todos decidieron ingresar al ejército de Cristo.

En agosto de 1534, en la Fiesta de la Asunción, viajaron a Montmartre, en París, a la capilla de San Denis e hicieron votos de pobreza y castidad, y se comprometieron para ir a Jerusalén a convertir a los musulmanes. Si no pudieran llegar a Jerusalén, volverían a Roma y se pondrían al servicio del Papa para que, como lo dijo Ignacio, "los usara donde él creyera que su trabajo sería para la mayor gloria de Dios y el bien de las almas." Su determinación de servir al Señor por amor los unió en una amistad muy férrea, que se prolongó durante toda su vida.

En 1535, Ignacio se encontraba sufriendo gravemente de dolores estomacales que le venían aquejando desde hacía años —como consecuencia de sus intensos ayunos— a raíz de lo cual le aconsejaron que volviera a su España nativa por un tiempo para recuperarse. Poco después se puso de acuerdo con sus amigos para encontrarse con ellos en Italia. En el entretanto, viajó a su pueblo natal de Azpeitia. Allí, el que otrora fuera un prepotente capitán del ejército empezó a predicar el amor de Cristo con toda humildad, y muchos se convirtieron y hasta le pidieron que se quedara con ellos. Pero sus compañeros ya habían partido de París a Italia, de manera que Ignacio salió también de viaje y se encontró con ellos en Venecia, a principios de 1537. Para entonces, otros seis hombres se les habían añadido. El 24 de junio de ese año, Ignacio y cinco seguidores fueron ordenados al sacerdocio.

**Al servicio de Jesús.** El peligro de la guerra les impidió viajar a Jerusalén en aquella primavera, así que el grupo decidió reconsiderar la situación al año siguiente. Primero, se ofrecieron de voluntarios en los hospitales; luego se dividieron en pequeños grupos para predicar y conducir los *Ejercicios* en distintas ciudades italianas. Ignacio fue a Roma con Favre y Laínez. Por el camino, tuvo una visión del Padre con Jesús, en la que escuchó que el Padre le decía a Jesús, "Me gustaría que lo tomaras como servidor tuyo." Entonces, Jesús, dirigiéndose a Ignacio, le dijo: "Quisiera que fueras nuestro servidor." Ignacio consideró que esta visión era la ratificación del nombre que habían escogido para su grupo: *La Compañía de Jesús.*

Como de costumbre, encontrándose en Roma, Ignacio llevó a muchos —entre ellos a varios ciudadanos prominentes— a tomar los *Ejercicios Espirituales.* Para la primavera de 1538, se veía claramente que la guerra nuevamente les impediría viajar a Jerusalén, por lo que convocó a todos a reunirse en Roma para considerar cuál sería el próximo paso.

Allí, poniendo en práctica la promesa hecha en Montmartre,

acordaron ofrecerle sus servicios al Papa. Pero ¿debían añadir un voto de obediencia a los votos de pobreza y castidad que ya habían hecho y convertirse en una orden religiosa oficial? En una carta dirigida al grupo, Ignacio señaló que una orden religiosa podía multiplicarse por sí sola en todos los países de la tierra y prolongarse hasta el fin de los tiempos. Una orden como esa podría "comunicar a estos lazos de caridad que nos unen una cualidad eterna no limitada por nuestra vida."

Después de considerar la posibilidad en oración, acordaron tomar el voto de obediencia y en forma unánime eligieron a Ignacio como superior de la orden. El 27 de septiembre de 1540 quedó oficialmente establecida la Compañía de Jesús mediante una bula papal firmada por el Papa Pablo III, que sin tiempo que perder, les pidió varios hombres para realizar viajes misioneros a tierras lejanas. Ignacio se dedicó a escribir las constituciones de la orden jesuita, y mientras lo hacía le presentaba al Señor cada uno de los puntos y pedía la confirmación de la voluntad de Dios.

Ignacio trabajó sin descanso como primer Padre General de los Jesuitas, siendo un contemplativo que casi continuamente experimentaba la presencia de Dios mientras llevaba la vida más activa posible. Como padre justo y tierno con sus hijos, vio partir a muchos de ellos muy queridos, como Francisco Javier, y recoger una abundante cosecha de almas en países extranjeros. Ignacio murió el 31 de julio de 1556. Su espiritualidad ha tenido una enorme influencia en la Iglesia, que permanece hasta nuestros días. Innumerables cristianos han seguido su guía en los *Ejercicios Espirituales* para aceptar de corazón a Cristo y entrar al servicio del Rey Eterno. Al hacerlo, han cumplido el más ardiente de los anhelos de Ignacio: hacer visible en la tierra la gloria de Dios.

# La vida de San Ignacio de Loyola

**1491** Nace en el castillo de la familia de Loyola, cerca del pueblo de Azpeitia, país vasco de España

**1506** Envían a Ignacio a educarse en la vida cortesana en la mansión del tesorero del rey

**1521** El 20 de mayo es herido en la batalla de Pamplona; experimenta la conversión mientras se recupera

**1522** En febrero, se marcha de su hogar para iniciar una vida nueva; llega a Manresa en marzo, donde comienza a escribir sus Ejercicios Espirituales

**1523** De Manresa parte de viaje a Jerusalén; regresa a Barcelona.

**1524-1526** Estudia en Barcelona

**1526** Va a la Universidad de Alcalá; es interrogado por la Inquisición, pero no se le acusa de nada

**1527** Se traslada a Salamanca

**1528** Llega a París para estudiar en la Universidad

**1534** El 15 de agosto hace votos de pobreza y castidad en Montmartre con seis amigos

**1535** Regresa a su pueblo natal de Azpeitia por un tiempo para recuperarse de una dolencia al estómago

**1537** Se reúne con sus compañeros en Venecia; es ordenado al sacerdocio el 24 de junio; el grupo viaja a Roma

**1540** El Papa emite una bula por la que queda establecida la Compañía de Jesús, con Ignacio como superior

**1541** Los jesuitas son enviados a misionar a varias partes del mundo

**1556** El 31 de julio muere Ignacio; la Compañía cuenta ya con mil afiliados

**1622** El 12 de marzo es canonizado junto con su compañero jesuita Francisco Javier

# Otras publicaciones de *La Palabra Entre Nosotros*

**La Oración del Señor**

El Padre Nuestro es una oración rica en sabiduría. Con palabras sencillas, Jesús nos enseña a llegar a una comunión íntima con su Padre.

Este maravilloso librito le ayudará a rezar el Padre Nuestro línea por línea. La guía que encontrará en él le ayudará a perseverar en la oración diaria con el Señor. Item # BTLPS8

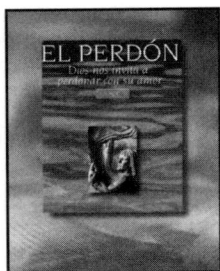

**El Perdón**

*El Perdón, Dios nos invita a perdonar con su amor,* ayuda a reflexionar sobre la necesidad de recibir la misericordia divina y sobre nuestro deber de perdonar a los demás. Item # BFORS8

**Tu Voluntad Señor es mi Delicia**

Cuando el ángel la invitó a desempeñar un papel tan singular y privilegiado en el plan de Dios para la salvación del género humano, María respondió con una hermosa oración que fue totalmente grata ante Dios: "Soy la sierva del Señor . . . que se haga en mí como has dicho" (Lucas 1,38). Item # BDLTS9

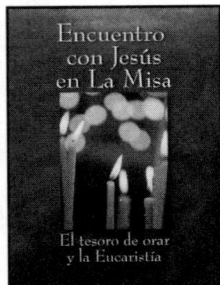

**Encuentro con Jesús en La Misa**

Todos tenemos un hambre que solamente Dios puede satisfacer cuando experimentamos su presencia en nuestros corazones. En este libro podemos ver cómo esta hambre puede ser satisfecha a través de la oración personal y especialmente en la Misa. Item # BMASSØ

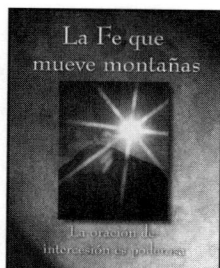

**La Fe que mueve montañas**
"La oración fervorosa del hombre bueno tiene mucho poder." (Santiago 5,16) ¿Cuántas veces le ha pedido usted algo a Dios, pero no ha visto la respuesta? Al parecer nos hemos acostumbrado a salir de la oración con las manos vacías. ¿Acaso no nos escucha nuestro Dios que es todo amor? ¿No se preocupa nuestro Padre celestial de todas las necesidades e inquietudes que tenemos? Sí; nuestro Dios ama a su pueblo profundamente, a pesar de nuestras debilidades y faltas, y quiere atender todas nuestras peticiones.
Item # BMTNS1

**Un hombre de Dios**
Inspiradora biografía del P. Emiliano Tardif escrita por quien compartió su ministerio de sanación.
152 páginas, en rústica
Item # BHOMS1

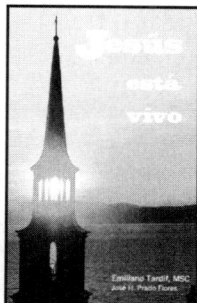

**¡Jesús está vivo!**
Este no es un libro sino un testimonio vivo y una acción de gracias de quienes han sido bendecidos por el ministerio de evangelización acompañados de signos, prodigios y milagros. 152 páginas, en rústica, Item # BJEVS9

**Jesús es el Mesías**
El P. Tardif anuncia que no sólo Jesús está vivo sino que El es el Mesías.
152 páginas, en rústica,
Item # BJEMS1

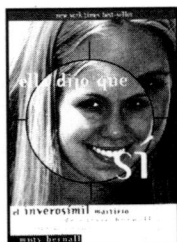

## Ella dijo que sí: El inverosímil martirio de Cassie Bernall

En el libro *Ella dijo que sí: El inverosímil martirio de Cassie Bernall*, su madre cuenta el caso real de la vida de rebeldía que llevaba Cassie hasta aquel momento decisivo en Littleton, Colorado. Es la historia de difíciles y dolorosas decisiones, donde se revela la cruda guerra entre el bien y el mal que se libra al interior de toda persona. Item # BSSYS9

## Sententa Veces Siete

El libro *Setenta Veces Siete* está basado en casos reales de hombres y mujeres que tuvieron que pasar por innumerables experiencias dolorosas en su vida. Está escrito con una gran dosis de compasión y su mensaje es capaz de reanimar hasta al lector más desalentado. Experimente la libertad que brinda el perdón. Experimente la libertad que lleva consigo el mandato de Jesús de perdonar setenta veces siete (Mateo 18,21). Compruebe la liberación que el perdón puede producir en usted, su familia y sus amistades. 152 páginas, en rústica. Item # BPERS9

## Un Llamado a La Pureza

"En *Un llamado a la pureza*, encontramos un mensaje que hoy se necesita en todas partes del mundo. El ser puro, y mantenerse puro, sólo se logra pagando un precio: el de conocer a Dios y amarlo lo suficiente para hacer su voluntad. La pureza es el fruto de la oración. Si los miembros de la familia oran juntos, se mantendrán en unidad y pureza y se amarán los unos a los otros como Dios ama a cada uno de ellos." Madre Teresa de Calcuta, noviembre de 1995. 170 páginas, en rústica. Item # BPURS9

# Para información sobre precios y pedidos, llámenos al 1-800-638-8539